IMUNIDADE DE JURISDIÇÃO EM MATÉRIA TRABALHISTA

Gáudio Ribeiro de Paula

Professor de cursos de graduação, especialização e extensão em diversas instituições de ensino e de cursos de formação de analistas e assessores no Tribunal Superior do Trabalho e em Tribunais Regionais do Trabalho. Assessor de Ministro no Tribunal Superior do Trabalho. Especialista pela Universidade Presbiteriana Mackenzie.

Imunidade de Jurisdição em Matéria Trabalhista

EDITORA LTDA.
© Todos os direitos reservados

Rua Jaguaribe, 571
CEP 01224-001
São Paulo, SP — Brasil
Fone (11) 2167-1101
www.ltr.com.br

Produção Gráfica e Editoração Eletrônica: R. P. TIEZZI
Projeto de Capa: FABIO GIGLIO
Impressão: PROL ALTERNATIVA DIGITAL
LTr 4542.4
Junho, 2012

Dados Internacionais de Catalogação na Publicação (CIP)
(Câmara Brasileira do Livro, SP, Brasil)

Paula, Gáudio Ribeiro de

Imunidade de jurisdição em matéria trabalhista / Gáudio Ribeiro de Paula. — São Paulo : LTr, 2012.

Bibliografia

ISBN 978-85-361-2145-1

1. Direito do trabalho 2. Imunidade de jurisdição 3. Jurisdição 4. Jurisdição trabalhista I. Título.

12-03369   CDU-34:331

Índice para catálogo sistemático:

1. Imunidade de jurisdição em matéria trabalhista : Direito do trabalho 34:331

A Deus, luz e força, e à Ivana, José Victor e Maria Alice, consolo e compreensão.

Aos meus pais, Hélio e Sônia, e irmãos, Simone, Hélio e Veraju, pela formação afetiva e moral.

Ao Min. Ives Gandra Filho, amigo e paradigma.

Sumário

Apresentação 11

Prefácio — Ives Gandra da Silva Martins Filho 13

1. Introdução 19
1.1. Justificativa 19
1.2. Metodologia 20
1.3. Temário 21

2. Considerações Preliminares 24
2.1. Etimologia 24
2.2. Conceito 25
    2.2.1. Acepções da palavra "jurisdição" 25
    2.2.2. Teorias 26
        2.2.2.1. Subjetivista 26
        2.2.2.2. Objetivista 27
        2.2.2.3. Posições de Chiovenda e Carnelutti 27
        2.2.2.4. Definição adotada 29
    2.2.3. Imunidade de jurisdição 30
2.3. Natureza e localização geográfica do instituto 31
2.4. Fundamentos 32

  2.4.1. Extraterritorialidade 32

  2.4.2. *Par in parem* 33

  2.4.3. Interesse da função 33

3. Breve Escorço Histórico 35

3.1. Origem 35

3.2. Evolução 37

  3.2.1. Imunidade absoluta 37

  3.2.2. Relativização 40

    3.2.2.1. Limitação da soberania 41

    3.2.2.2. Atos de império e atos de gestão 44

    3.2.2.3. Críticas à distinção 46

4. Imunidade Estatal 49

4.1. Marcos normativos 49

  4.1.1. Convenção Europeia de 1972 49

  4.1.2. Convenção sobre imunidades jurisdicionais dos estados e de seus bens 51

4.2. Direito comparado hodierno 55

  4.2.1. Alemanha 55

  4.2.2. Argentina 57

  4.2.3. Áustria 60

  4.2.4. Bélgica 61

  4.2.5. Canadá 62

  4.2.6. China 64

  4.2.7. Espanha 65

  4.2.8. Estados Unidos 70

  4.2.9. França 74

  4.2.10. Inglaterra 76

  4.2.11. Itália 77

  4.2.12. Portugal 79

  4.2.13. Suíça 80

4.3. Experiência nacional 82
    4.3.1. Constituição de 1967/1969 83
    4.3.2. Constituição de 1988 84
    4.3.3. Caso Genny de Oliveira 85
    4.3.4. Doutrina 87
    4.3.5. Jurisprudência 88
        4.3.5.1. Supremo Tribunal Federal 88
        4.3.5.2. Tribunal Superior do Trabalho 90
        4.3.5.3. Tribunal Regional do Trabalho da 10ª Região 93
        4.3.5.4. Superior Tribunal de Justiça 94
    4.3.6. Estatísticas 96
4.4. Correntes teóricas atuais 98
    4.4.1. Dupla imunidade absoluta 99
    4.4.2. Dupla imunidade parcialmente relativa 100
    4.4.3. Dupla imunidade relativa 104

5. Imunidade das Organizações Internacionais 108

6. Imunidades das Representações Comerciais 122

7. Imunidades Pessoais 124
7.1. Funcionários diplomáticos 126
    7.1.1. Histórico normativo 126
    7.1.2. Disciplina convencional hodierna 127
7.2. Agentes consulares 129
    7.2.1. Histórico normativo 129
    7.2.2. Disciplina convencional hodierna 130

8. Dupla Imunidade 133
8.1. Imunidade de jurisdição no processo de conhecimento 135
8.2. Imunidade de jurisdição no processo de execução 136

9. Questões Processuais 145
9.1. Pressuposto processual ou condição da ação 145
9.2. Forma de arguição 149
9.3. Citação 150
9.4. Representação processual de estado estrangeiro 152
9.5. Execução da sentença 154

10. Questões Jurisfilosóficas 158
10.1. Imunidade jurisdicional absoluta e consequencialismo 158
10.2. Imunidade jurisdicional em uma perspectiva tópico-retórica 160
10.3. Imunidade de jurisdicional a partir do direito natural 165

Conclusões 171

Referências Bibliográficas 175

Anexos 183

APRESENTAÇÃO

Este livro é o resultado da atualização e aprimoramento de Monografia apresentada no curso de Direito e Processo do Trabalho oferecida pela Universidade Presbiteriana Mackenzie, no ano de 2003, como parte dos requisitos para obtenção do título de especialista. Consiste em estudo sobre a imunidade de jurisdição em questões de natureza trabalhista sob uma perspectiva multidisciplinar. Preliminarmente, esboça-se resgate etimológico da locução e um apanhado das acepções da palavra "jurisdição" e das teorias que se formularam quanto à definição do termo com o fito de fornecer os elementos para formular conceito de "imunidade de jurisdição" que possa ter alguma validade científica e alcance universal. Ainda na primeira etapa do estudo, identifica-se a natureza e a localização geográfica do instituto, além dos seus fundamentos teóricos. No Capítulo seguinte, intenta-se proceder a uma retrospectiva histórica, contemplando as origens do instituto, sua evolução de prerrogativa absoluta e irrestrita para regra excepcional. O quarto Capítulo enfoca a imunidade estatal, com o exame dos seus marcos normativos. Faz-se, em seguida, breve incursão no direito comparado hodierno e sobre a experiência pátria. Serão delineadas, ademais, as diferentes posturas teóricas diante do tema da imunidade jurisdicional que hoje convivem. Os capítulos V, VI e VII são dedicados às diferenças de tratamento registradas entre as imunidades jurisdicionais conferidas às organizações internacionais, representações comerciais dos Estados e aos funcionários diplomáticos e agentes consulares. Distinguir-se, então, com o Capítulo VIII, de forma rápida e sucinta, imunidade de jurisdição no processo de conhecimento e imunidade de jurisdição no processo execução. Dedicar-se, em sequência, o Capítulo IX à descrição concisa de algumas questões processuais e procedimentais relativas à imunidade de jurisdição no ordenamento jurídico nacional. Antes de encerrar, são brevemente consideradas algumas questões de filosofia do direito no Capítulo X, no qual serão objeto de apreciação as possíveis leituras jusfilosóficas acerca da imunidade jurisdicional. À uma breve revisão dos pontos mais importantes abordados na monografia segue-se, à guisa de conclusão, inferências acerca da relatividade, em matéria laboral, da imunidade de jurisdição dos entes de DIP.

Prefácio

Continua a gerar polêmica e a estar com soluções em aberto a questão da imunidade de jurisdição em nosso país. Se, sob a égide da Constituição Federal de 1969 a jurisprudência do STF seguia o costume internacional da imunidade absoluta de jurisdição, após a Carta Política de 1988, a superfície do mar exegético não mais permaneceu tranquila.

Com efeito, esgrimindo o art. 5º, XXXV, da nova Carta Magna da nação, o STF pontificou que nenhuma lesão a direito perpetrada em território nacional seria excluída de apreciação pelo Poder Judiciário, com o que passou a relativizar a imunidade de jurisdição dos Estados estrangeiros no Brasil. Mas não o fez sem respaldo, novamente, em convenções internacionais, a exemplo da Convenção Europeia sobre Imunidade dos Estados, de 1972, e no próprio Direito Comparado, conforme legislação adotada por inúmeros países (EUA em 1976, Reino Unido em 1978, Cingapura em 1979, África do Sul e Paquistão em 1981, Canadá em 1982, Austrália em 1985 e Argentina em 1995).

Na seara trabalhista, passou a Suprema Corte a se expressar nesses termos:

> Os Estados estrangeiros não dispõem de imunidade de jurisdição, perante o Poder Judiciário brasileiro, nas causas de natureza trabalhista, pois essa prerrogativa de Direito Internacional Público tem caráter meramente relativo (...) A eventual impossibilidade jurídica de ulterior realização prática do título judicial condenatório, em decorrência da prerrogativa da imunidade de execução, não se revela suficiente para obstar, só por si, a instauração, perante Tribunais brasileiros, de processo de conhecimento contra Estados estrangeiros, notadamente quando se tratar de litígio de natureza trabalhista. (Ag-RE n. 222.368-4-PE, Rel. Min. Celso de Mello, DJ de 14.2.2003 — Consulado Geral do Japão).

Como se vê, o avanço se deu quanto ao reconhecimento do direito perante o Judiciário brasileiro em processo de conhecimento; não, porém, quanto à sua efetividade em processo de execução. Quanto à imunidade de execução, o próprio Supremo Tribunal Federal encontra-se dividido, uma vez que, por 6 votos a 5 (vencidos os Ministros Celso de Mello, Cezar Peluso, Joaquim Barbosa, Carlos Britto e Ricardo Lewandowski), decidiu reconhecer o privilégio ao Consulado-Geral da República da Coreia, com base nas Convenções de Viena de 1961 e 1963 (cf. AgRg-ACO n. 633-1-SP, Rel. Min. Ellen Gracie, DJ de 22.6.2007), sendo que a Ministra Cármen Lúcia registrou sua "reserva para a possibilidade de repensar o tema", acompanhando, por ora, a relatora e apenas no caso concreto; e o Ministro Celso de Mello, voto divergente, sustentou que, "comprovado pelo credor, que os bens pertencentes ao Estado estrangeiro não guardam vinculação com as atividades diplomáticas e/ou consulares, legitimar-se-á, então, nessa particular situação, a instauração, contra essa soberania estrangeira, do concernente processo de execução".

A reforçar ainda mais o caráter não pacífico da matéria, podemos lembrar as decisões diametralmente opostas das duas Subseções da SDI do TST quanto à imunidade de jurisdição dos organismos internacionais. A SDI-1 absolutizou a imunidade, por voto prevalente da presidência, ao fundamento de que haveria normativa expressa garantindo a imunidade absoluta, consubstanciada na Convenção de Londres (sobre privilégios e imunidades das Nações Unidas), ratificada pelo Brasil em 1950 (TST-E-ED-RR n. 900/2004-019-10-00.9, Red. Min. Caputo Bastos, julgado em 3.9.2009). Já a SDI-2 a relativizou, em decisão não unânime, admitindo a possibilidade de bloqueio de numerário em conta corrente, quando o organismo internacional descarta até a mediação da via diplomática para solver a lide trabalhista com quem lhe prestou serviços em território brasileiro (TST-ROAg n. 173/2008-000-23-00.8, Rel. Min. Ives Gandra, julgado em 12.5.2009). No Supremo Tribunal Federal, após voto da Min. Ellen Gracie reconhecendo, nos termos da referida convenção sobre privilégios e imunidades da ONU, a imunidade absoluta de jurisdição, pediu vista a Min. Cármen Lúcia (cf. RE n. 578.543, com voto da relatora proferido em 7.5.2009, em caso da ONU/PNUD).

Tamanha polêmica está a exigir da doutrina maiores esclarecimentos e pesquisas, à luz do Direito Comparado e da experiência bem ou mal--sucedida de esforços diplomáticos para tornar mais efetivo o direito. Daí a necessidade e oportunidade de obra como a que temos em mãos, do jovem talento do Direito e do Processo do Trabalho, professor Gáudio Ribeiro de Paula, que nos traz, em judiciosa pesquisa e aprofundada análise, os principais argumentos a favor ou contra uma relativização ainda maior da imunidade de jurisdição, para abranger também a fase de execução. A obra é minuciosa, teórica e praticamente, ao elencar não apenas as teorias sobre a matéria, mas as visões dos vários países e tribunais.

O professor Gáudio tem se destacado notavelmente como assessor de ministro no TST, professor requisitado nos cursos de treinamento e aperfeiçoamento de servidores daquela Corte e nas faculdades em que leciona, como o IESB de Brasília e a Escola Superior da Advocacia. Além de articulista e coordenador de Revista Jurídica, tem proferido palestras em diversos seminários e congressos.

Assessor dedicado, dinâmico e formador, valoriza os quadros do TST, que tanto necessita, pelo volume imenso de causas que chegam diariamente para deslinde do Tribunal, de assessoria qualificada, verdadeira judicatura *de facto* nos Tribunais Superiores.

Discutindo com nossa assessoria mecanismos mais eficazes para tornar exequível as sentenças exaradas contra embaixadas acreditadas no Brasil, na linha da imunidade relativa de jurisdição em matéria de processo de conhecimento e, quanto ao de execução, da possibilidade de acesso a bens que não afetam a missão diplomática, chegamos a emitir os seguintes precedentes: a) consideração do trabalhador contratado para serviços na residência do embaixador jardineiro) como empregado doméstico, com os direitos inerentes a essa condição e não como funcionário da Embaixada (cf. TST-RR n. 125/2003-020-10-00.0, Rel. Min. Ives Gandra, DJ 3.2.2006); b) possibilidade de levantamento do depósito recursal feito por Estado Estrangeiro ou Organismo Internacional, quando da execução, por se tratarem de valores que já não mais afetam a representação diplomática, vez que espontaneamente depositados em juízo (cf. TST-ROAR n. 771.910/01.1, Rel. Min. Ives Gandra, DJ de 15.3.2002, em caso envolvendo a OEA); c) impossibilidade de bloqueio de conta corrente de Estado estrangeiro, que afeta a representação diplomática, em fase de execução de sentença, ainda que reconhecida a validade do título executivo judicial, mas admitindo que a execução se processasse sobre bens que não afetam a atividade diplomática, encontráveis no Brasil (cf. TST-ROMS n. 161/2005-000-10-00.1, Rel. Min. Ives Gandra, DJ de 9.3.2007, envolvendo o Reino da Espanha).

Este último caso é paradigmático, uma vez que, reconhecida a possibilidade de execução de bens que não afetam a representação diplomática, foram indicados bens do Instituto de Cultura Hispânica e do Instituto Miguel de Cervantes, mantidos pelo Reino da Espanha no Brasil, que, em tese, poderiam ser penhorados. No entanto, com a intermediação do relator do Processo, conseguiu-se a resolução mediante a conciliação no processo, com a assinatura de acordo, em que a Embaixada da Espanha pagava parte dos valores reconhecidos à Reclamante.

Aproveitando as lições que a obra *Imunidade de Jurisdição em Matéria Trabalhista*, do professor Gáudio Ribeiro de Paula, nos oferece, podemos até ousar ofertar às Embaixadas e Organismos Internacionais, que operam no Brasil, algumas recomendações, calcadas nas conclusões do presente estudo, para que possam evitar problemas com execuções trabalhistas indesejáveis e onerosas: a) observar a legislação trabalhista brasileira na contratação de pessoal local, pelo princípio da *lex loci executioni contracti* (Súmula n. 207 do TST); b) apresentar defesa no processo de conhecimento, procurando mostrar que o direito postulado pelo ex-empregado eventualmente não some todas as parcelas reivindicadas; c) buscar a conciliação, quer na fase de conhecimento, quer na fase de execução, de modo a reduzir o valor a ser pago e evitar eventuais constragimentos ou exageros por parte dos juízes do trabalho nos processos de execução.

Portanto, agradecemos e parabenizamos o professor Gáudio Ribeiro de Paula, competente e dileto integrante de nossa assessoria jurídica no TST, pela excelente obra que traz a lume, fruto de longos e ponderados estudos, capaz de sanar dúvidas e tornar menos árdua a compreensão da questão da imunidade de jurisdição na seara trabalhista, a par de sinalizar caminhos que levarão à pacificação da jurisprudência e à efetivação do direito daqueles que, laborando para representações diplomáticas, veem seus direitos desguarnecidos. A esses e seus defensores, além das autoridades que buscam compor as lides internacionais, é que a obra poderá ser de utilidade ímpar.

Ives Gandra da Silva Martins Filho
Ministro do Tribunal Superior do Trabalho.
Membro da Academia Nacional de Direito do Trabalho.

"For God has given conscience a judicial power to be the sovereign guide of human actions, by despising whose admonitions the mind is stupefied into brutal hardness."

Hugo Grotius

1
INTRODUÇÃO

◆ *1.1. Justificativa*

A criação do Tribunal Penal Internacional[1] é vista por muitos estudiosos das relações internacionais como um marco histórico fundamental, um *turning point*, que definiu, ao menos do ponto de vista teórico, o início de nova era na responsabilização internacional dos Estados, assim como de seus agentes e indica que o conceito de soberania[2] como poder absoluto e perpétuo[3] vinculado à pessoa do monarca, já de há muito superado, definitivamente não oferece respostas aos desafios atuais nas relações jurídicas, a cada dia mais intrincadas, entre os atores que compõem a comunidade internacional[4].

---

(1) O Tribunal Penal Internacional (TPI) foi criado na "Conferência Diplomática de Plenipotenciários das Nações Unidas sobre o Estabelecimento de um Tribunal Penal Internacional", realizada na cidade de Roma, entre os dias 15 de junho a 17 de julho de 1998. Precisamente, essa criação ocorreu no último dia da Conferência, mediante a aprovação do Estatuto do Tribunal (*Rome Statute of the International Criminal Court*, doravante Estatuto), que possui a natureza jurídica de tratado e entrou em vigor após sessenta Estados terem manifestado seu consentimento, vinculando-se ao TPI (art. 126 do Estatuto), de acordo com suas normas de competência interna para a celebração de tratados. A data de entrada em vigor foi o dia 1º de julho de 2002. No Brasil, o Decreto Legislativo n. 112, de 2002, aprovou o texto do Estatuto de Roma do Tribunal Penal Internacional, assinado pelo Brasil em 7 de fevereiro de 2000.
(2) Etimologicamente, o termo soberania provém de *superanus*, *supremitas*, ou *super omnia*, que significa que está acima, consagrando-se, como conceito político-jurídico, na variação francesa *souveraineté*.
(3) Em Bodin: "La souveraineté est la puissance absolute et perpetuelle d´une République que les latins apellent maiestatem". BODIN, Jean. *Les six libres de la republique*. Paris, 1576. Libro I, cap. 8. Disponível em: <http://www.langlab.wayne.edu/Romance/Romfaculty/ADuggan/Bodin.html>.
(4) Há quem, como o anatematizado filósofo Olavo de Carvalho, divise nesse movimento histórico em direção à relativização da soberania uma espécie de "golpe de estado no mundo", em que se apresenta

A evolução do Direito Internacional Público encontra-se atrelada às vicissitudes experimentadas pela soberania dos estados nacionais, entendida como poder que se projeta externamente como independência e autonomia e internamente como monopólio incontrastável do uso da força para criar, dizer e executar o direito. É possível assentar que a própria existência de um direito das gentes supõe, no plano internacional, a limitação da soberania em razão dos imperativos de coexistência.

O objeto do presente estudo, o palpitante tema da imunidade de jurisdição dos entes de direito internacional público, figura, nessa perspectiva, como instrumento de que se valeram os entes estatais, sobretudo com respaldo na máxima *par in parem non habet imperium*, para fazerem respeitar sua soberania ainda que fora de seus limites territoriais. Daí por que se apresente como um tema de importância quer para o direito internacional, quer para o direito doméstico[5].

♦ 1.2. METODOLOGIA

Procurou-se adotar uma linha de pesquisa multidisciplinar, com abordagem à luz de conceitos e categorias jurídicas de diversos ramos do direito, *e. g.*, direito internacional público, direito constitucional, direito processual, direito do trabalho e direito comparado), filosóficas e sociológicas.

Daí a necessidade de recorrer a fontes de consulta bastante diversificadas: livros, artigos de revista, repertórios de jurisprudência, *sites* da internet[6], notícias veiculadas nos meios de comunicação e transcrições de palestras sobre o tema[7]. Para a confecção da presente monografia, portanto,

---

como mote a subordinação da soberania nacional ao transnacionalismo democrático. Cf. CARVALHO, Olavo de Golpe de estado no mundo. In: *O Globo*, 24 de maio de 2003. Disponível em: <http://www.olavodecarvalho.org/semana/030712globo.htm> Acesso em: 30.5.2003.

(5) Como bem posto por Rosalyn Higgins, a primeira juíza da Corte Internacional de Justiça: "The topic of state immunity is endlessly fascinanting, both substantively and because of this intriguing interplay between international and domestic law." Apud ARAÚJO, Nadia de. Direitos fundamentais e imunidade de jurisdição: comentários tópicos ao RE n. 222.368, do STF. Disponível em: <http://www.cedi.org.br/Eventos/imunidade/palestraspdf/nadia.pdf> Acesso em: 20.5.2003.

(6) A *World Wide Web* resultou indispensável especialmente para a análise do direito comparado, pois sem as informações disponíveis na Internet, o trabalho de pesquisa, nesse campo, praticamente se inviabilizaria. Intentou-se, nesse particular, obter os dados de *sites* com alguma confiabilidade, evitando-se as páginas criadas por particulares e socorrendo-se, sempre que possível, dos sítios oficiais (domínios ".gov") mantidos pelos governos dos países pesquisados.

(7) Em abril de 2002, o Centro de Estudos de Direito Internacional — CEDI juntamente com a Universidade Católica de Brasília, com o apoio do Programa das Nações Unidas para o Desenvolvimento — PNUD, realizou o Seminário "Imunidade de Jurisdição e o Estado Brasileiro", que contou com a participação de Guido Fernando da Silva Soares, Renato Rabbi-Baldi Cabanillas, José Ignácio Botelho de Mesquita,

contou-se, essencialmente, com pesquisa bibliográfica, jurisprudencial, e legislativa.

Com vistas a empreender uma investigação mais concreta acerca do modo como a questão é tratada no Brasil, foram contactados, além disso, o Sindicato dos Trabalhadores nas Embaixadas, Consulados, Organismos Internacionais e seus Anexos e Afins do Distrito Federal — SINDNAÇÕES[8], a Divisão Jurídica e a Coordenação-Geral de Privilégios e Imunidades — CGPI do Ministério das Relações Exteriores.

◆ *1.3. Temário*

O foco da investigação que aqui se pretende realizar cinge-se às questões de natureza trabalhista[9], em que já vai se pacificando a legislação, jurisprudência e doutrina, nos domínios nacional e internacional, no sentido da inviabilidade de se invocar a imunidade quanto ao processo[10] de conhecimento.

Preliminarmente, esboçar-se-á, no Capítulo II, um resgate etimológico da locução e far-se-á um apanhado das acepções da palavra "jurisdição" e das teorias que se formularam quanto à definição do termo com o fito de fornecer os elementos para formular conceito de "imunidade de jurisdição" que possa ter alguma validade científica e alcance universal. Ainda na primeira etapa do estudo, identificar-se-ão a natureza e a localização geográfica do instituto, além dos seus fundamentos teóricos.

No Capítulo seguinte, intentar-se-á proceder a uma retrospectiva histórica, contemplando as origens do instituto, sua evolução de prerrogativa absoluta e irrestrita, com fundamento consuetudinário, para regra excepcional, com apoio na limitação da soberania dos Estados, que se opera

---

Jorge Fontoura, Francisco Rezek, dentre outros autores cujo magistério em muito contribui para esclarecer várias das tormentosas questões que surgiram no estudo do tema.
(8) O Presidente do Sindicato, Raimundo Oliveira, além de relatar inúmeros casos de litígios com entes de DIP, forneceu material bastante valioso para a pesquisa, como recortes de jornais, um estudo técnico para a elaboração de projeto de lei sobre a matéria, o Manual do Empregador Urbano para Embaixadas e Organismos Internacionais editado pela Secretaria de Fiscalização do Trabalho — SEFIT — do Ministério do Trabalho, e outras informações de relevo para o desenvolvimento da investigação.
(9) Ressalte-se, contudo, que, não obstante esse "corte epistemológico", a pesquisa dirige-se também, em alguns pontos, à imunidade jurisdicional em outros domínios, com o afã de contextualizar o objeto específico da imunidade em matéria trabalhista.
(10) Mesmo após as reformas do CPC que introduziram um sincretismo entre o conhecimento e a execução, sobretudo por meio das Leis ns. 11.232, 11.276 e 11.277, todas de 2005, preferiu-se manter a terminologia "processo de execução" e "processo de conhecimento", tendo em vista a controvérsia que recai sobre a aplicação das regras sincréticas ao Processo do Trabalho.

no campo da imunidade jurisdicional de acordo com os critérios estabelecidos a partir da distinção entre atos de império e gestão, contemplada em instrumentos convencionais internacionais e textos normativos domésticos.

O quarto Capítulo enfocará a imunidade estatal, com o exame os seus marcos normativos, com ênfase na Convenção Europeia de 1972 e na Convenção sobre Imunidades Jurisdicionais dos Estados e de seus Bens, elaborada a partir de projeto proposto pela Comissão de Direito Internacional — CDI da ONU. Far-se-á, em seguida, breve incursão no direito comparado hodierno, trazendo notícias acerca do modo com a questão encontra-se disciplinada nos ordenamentos jurídicos e pela jurisprudência de Alemanha, Argentina, Áustria, Bélgica, Canadá, China, Espanha, Estados Unidos, França, Inglaterra, Itália, Portugal e Suíça. Tratar-se-á, além disso, da experiência pátria, que acompanhou as mudanças operadas no cenário internacional, tomando como principais referências a Constituição de 1967/1969, a Constituição de 1988, o *leading case* Genny de Oliveira, e as atuais posições da doutrina e da jurisprudência dos tribunais superiores, indicando-se, ao final, alguns dados estatísticos sobre as ações trabalhistas ajuizadas por empregados de entes de DIP. Serão delineadas, ademais, as diferentes posturas teóricas diante do tema da imunidade jurisdicional, que hoje convivem e variam, desde a absolutização plena, tanto no âmbito do processo de conhecimento quanto no processo de execução, à relativização irrestrita, também nas duas esferas, cognitiva e executiva.

Os Capítulos V, VI e VII serão dedicados às diferenças de tratamento registradas entre as imunidades jurisdicionais conferidas às organizações internacionais, representações comerciais dos Estados e aos funcionários diplomáticos e agentes consulares.

Distinguir-se-á, então, com o Capítulo VIII, de forma rápida e sucinta, imunidade de jurisdição no processo de conhecimento e imunidade de jurisdição no processo execução.

No Capítulo IX, será apresentada uma descrição concisa de algumas questões processuais e procedimentais relativas à imunidade de jurisdição no ordenamento jurídico nacional, com destaque para discussão sobre o seu enquadramento como pressuposto processual ou condição da ação, a forma de arguição, a maneira de citação, a representação processual de estado estrangeiro, e a execução da sentença contra ente de DIP.

Antes de encerrar, serão brevemente consideradas algumas questões de filosofia do direito no Capítulo X, no qual serão objeto de apreciação as possíveis leituras jusfilosóficas acerca da imunidade jurisdicional. Iniciando-

-se com uma abordagem crítica sobre consequencialismo ou pragmatismo, com respaldo em Rawls e Dworkin, e passando pelo tópico-retórico, de Perelman e Viehweg, chegar-se-á, finalmente, à abordagem de Direito Natural, com espeque na doutrina de Santo Tomás de Aquino.

A uma breve revisão dos pontos mais importantes abordados na monografia, seguir-se-ão, à guisa de conclusão, inferências acerca da relatividade, em matéria laboral, da imunidade de jurisdição dos entes de DIP.

2 Considerações Preliminares

◆ *2.1. Etimologia*

Na esteira do magistério de Francesco Carnelutti (1960), ao encetar-se investigação sobre qualquer instituto jurídico que seja, convém proceder ao resgate etimológico da expressão que o designa. Isto porque, ao assim agir, o investigador se dá conta do sentido original da categoria e, com isso, muitas vezes, alcança os elementos ontológicos do conceito.

O termo "imunidade" provém do latim *immunitas*, que originalmente designava "isenção do serviço público" do *munus*[11], ou de pagar algumas taxas obrigatórias[12].

Vê-se que o conceito teve ampliado seu espectro semântico, para ser empregada outra área do conhecimento (*v. g.*, na medicina), mas preservou algo de seu sentido primitivo. É o que se infere ao cotejo com sua hodierna significação, que, em verbete dicionarizado traduz "condição de não ser sujeito a algum ônus ou encargo; isenção"[13], ou, na sua conotação jurídica, conjunto de "direitos, privilégios ou vantagens pessoais de que alguém desfruta por causa do cargo ou função que exerce"[14]. (FERREIRA, 1999)

---

(11) No original: *Freedom from public service*. International Law Dictionary e Directory, verbete "immunity". Disponível em: <http://august1.com/pubs/dict/i.htm>.
(12) No original: "Il termine IMMUNITAS veniva già usato ai tempi dell'antica Roma per intendere un'esenzione dal pagare alcune tasse o adempiere a obblighi; successivamente il termine è stato utilizzato dalla Chiesa con lo stesso significato". Disponível em: <http://imoax1.unimo.it/~cossarizza/appunti/storia.htm>.
(13) *Dicionário Aurélio* — século XXI, verbete "imunidade". Versão 3.0. Nova Fronteira: novembro de 1999.
(14) *Idem*.

Quanto à palavra "jurisdição", como se sabe, advém de *jurisdictione* que, por sua vez, deriva da locução latina *juris dicere*, isto é, em vernáculo, "dizer o direito".

Em sua acepção moderna, não se registra alteração semântica significativa, conforme se percebe do quanto registram os dicionários contemporâneos, para os quais o termo pode ser entendido como "poder atribuído a uma autoridade para fazer cumprir determinada categoria de leis e punir quem as infrinja em determinada área"[15]. (FERREIRA, 1999)

Dito isto, convém tecer algumas considerações acerca dos conceitos atuais de jurisdição e imunidade de jurisdição.

◆ 2.2. Conceito

◆◆ 2.2.1. Acepções da palavra "jurisdição"

Embora haja sinonímia para o Direito Internacional, o direito doméstico costuma distinguir jurisdição de competência, conforme lembra Georgenor de Sousa Franco Filho (1998)[16].

No direito latino-americano, a palavra "jurisdição" apresenta, ao menos, quatro acepções, consoante assinala o Ministro do Eg. Tribunal Superior do Trabalho João Oreste Dalazen (1994, p. 18), invocando os ensinamentos de Eduardo Couture:

> a) como âmbito territorial determinado: nesse sentido, emprega-a inadequadamente o legislador brasileiro, ao aludir à "jurisdição" da JCJ (CLT, arts. 650 e 651, § 1º), de TRT (CLT, art. 674) e do TST (CLT, art. 690), quando, em boa técnica, refere-se à competência territorial desses órgãos;
>
> b) como sinônimo de competência material de um conjunto de órgãos jurisdicionais especializados, ou de uma "jurisdição

---

(15) *Dicionário Aurélio* — século XXI, verbete "jurisdição". Versão 3.0. Nova Fronteira: novembro de 1999.
(16) FRANCO FILHO, Georgenor de Sousa. Da imunidade de jurisdição trabalhista e o art. 114 da Constituição de 1988. In: *Revista TRT da 8ª Reg.*, Belém, 24 (46): 75-84, jan./jun. 1991. Alguns preferem empregar a expressão "competência" para designar esse poder que o Estado exerce sobre seus limites territoriais, como é o caso de Pinho Pedreira, para quem "o Estado soberano exerce sobre seu território competência (expressão da doutrina francesa, preferível a jurisdição, usada pela doutrina anglo-saxônica), que se caracteriza pela generalidade (competência de ordem legislativa, administrativa e jurisdicional) e pela exclusividade (pois não enfrenta a concorrência de alguma outra soberania)." PEDREIRA, Pinho. A concepção relativista das imunidades de jurisdição e execução do Estado estrangeiro. In: *Revista de Informação Legislativa*, Brasília a. 35, n. 140, p. 227, out./dez. 1998.

especial"; resquício da sinonímia entre jurisdição e competência que campeava no século XIX, o aludido uso impróprio do vocábulo evidencia-se na locução "conflito de jurisdição" (*rectius*: conflito de competência, CPC, arts. 115-123), também ainda presente no direito brasileiro (*vide* CLT, arts. 803, 804 e 808; LOMAN, art. 101, § 3º, *b*); o equívoco aí está em que a locução nega o princípio da unidade de jurisdição, pressupondo "pluralidade de jurisdições no seio do mesmo Estado soberano";

c) como conjunto de poderes do Estado: noção insuficiente e imprecisa, pois a jurisdição é uma das expressões do "poder-dever" do Estado;

d) e em seu sentido próprio e técnico de função pública incumbida de fazer justiça, cuja conceituação examina-se no tópico seguinte.[17]

A tais acepções acresce o Ministro Dalazen (1994, p. 19) mais uma, inerente à organização judiciária brasileira:

e) como conjunto de órgãos do Poder Judiciário a que se cometeu competência material específica ("Justiça"); sob este ângulo, fala-se, de modo tautológico, em "jurisdição competente", ou em causa da competência da "jurisdição militar", da "jurisdição trabalhista", ou da "jurisdição eleitoral".[18]

◆◆ 2.2.2. Teorias

Marco Tullio Zanzucchi reduz a duas principais teorias as tentativas teóricas de conceituar jurisdição: a subjetivista, que tem como representantes, entre outros, Hellwig e Manfredini; e a objetivista, cujos defensores mais conhecidos são Wach, Coniglio, Betti e Raselli[19]. (*apud* DALAZEN, 1994)

◆◆◆ 2.2.2.1. Subjetivista

Para os que se filiam à corrente subjetivista, a jurisdição tem por escopo a "tutela dos direitos subjetivos", isto é, visa à reparação dos "direitos subjetivos vulnerados".

---

(17) DALAZEN, João Oreste. *Competência material trabalhista*. São Paulo: LTr, 1994. p. 18.
(18) *Ibidem*, p. 19.
(19) *Idem*.

Segundo Zanzucchi (*apud* DALAZEN, 1994), trata-se de concepção discutível, porque abriga uma petição de princípios ao cogitar de tutela de uma tutela. Com efeito, como ressalta Dalazen (1994), o direito subjetivo, por definição, já é o interesse juridicamente tutelado, de modo que não faz sentido supor que o tutele a jurisdição. Ademais, prossegue o processualista, não oferece explicação para a atividade jurisdicional desenvolvida no interior do processo (*v. g.*, resolvendo questões ou incidentes processuais relativos à competência ou à suspeição de juiz)[20].

♦♦♦ 2.2.2.2. OBJETIVISTA

Já os partidários da teoria objetivista sustentam que a jurisdição objetiva a "atuação do direito objetivo", por meio da aplicação da norma jurídica ao caso concreto e sua imposição coercitiva.

Objeta-se, entretanto, que o fazer incidir a lei às situações concretas não é mister exclusivo da função jurisdicional. Isto porque, o Poder Executivo aplica, de igual modo, a norma abstrata a conflitos de interesse concretos que se dão em seu âmbito de atuação[21]. (DALAZEN, 1994)

♦♦♦ 2.2.2.3. POSIÇÕES DE CHIOVENDA E CARNELUTTI

Giuseppe Chiovenda, conquanto denote alguma influência objetivista, engendrou conceito de jurisdição em que identifica aquela que, para muitos, é a sua nota distintiva que a diferencia das outras funções estatais (a executiva e a legislativa), qual seja: o caráter substitutivo da jurisdição[22]. (CHIOVENDA *apud* DALAZEN, 1994)

Assim, na clássica definição de Chiovenda (1965, p. 301):

> ... la giurisdizione consiste nell'attuazione della legge mediante la **sostituzione dell'attività di organi pubblici all'attività altrui**, sia nell'affermare l'esistenza di una volontà di legge sia nel mandarla ulteriormente ad effeto.[23]

Chiovenda realça, desse modo, atributo da jurisdição segundo o qual revela-se função mediante a qual o Estado-juiz é convocado a heterocompor,

---

(20) DALAZEN, João Oreste. *Op. cit.*, p. 18.
(21) *Ibidem*, p. 19/20.
(22) *Ibidem*, p. 20.
(23) CHIOVENDA, Giuseppe. *Principi di diritto processuale civile*, p. 301. Nápole: Jovene, 1965.

imparcialmente, conflito levado à sua consideração, fazendo atuar o ordenamento jurídico em lugar, em substituição, de quem inobservara preceito legal e que deveria tê-lo observado[24]. (CHIOVENDA *apud* DALAZEN, 1994)

A doutrina de Chiovenda acerca do conceito de jurisdição é seguida por inúmeros processualistas, dentre os quais cabe destacar Calamandrei, Ugo Rocco, Antônio Segni, Zanzucchi, e dentre os juristas pátrios, particularmente, Calmon de Passos, Moacyr Amaral Santos e Celso Barbi.

A tese encontra, contudo, opositores, como Galeno Lacerda que questiona a validade científica da doutrina de Chiovenda, aos seguintes fundamentos:

> Essa tese absolutamente insatisfatória não só não explica a natureza jurisdicional dos processos mais relevantes, que tiverem por objeto conflitos sobre valores indisponíveis, cuja solução não se pode alcançar pela atividade das partes (processo penal, processo civil inquisitório — ex.: nulidade de casamento), senão que deixa *in albis* também o porquê da natureza jurisdicional das decisões sobre questões de processo, especialmente daquelas que dizem respeito à própria atividade do juiz, como as relativas à competência e suspeição, onde jamais se poderá vislumbrar qualquer traço de "substitutividade" a uma atuação originária, direta e própria das partes.[25] (DALAZEN, 1994, p. 20/21)

Depreende-se, portanto, que, não obstante a "substitutividade" intrínseca à jurisdição identifique-se como característica presente na maioria das situações, especialmente nas ações condenatórias, não há como lhe atribuir a natureza de elemento ontológico do instituto[26]. (DALAZEN, 1994)

Não se pode deixar de consignar a posição de Francesco Carnelutti (1960), conforme a qual a jurisdição consiste em atividade do Estado dirigida à "justa composição da lide", em que o conceito de "justiça" identifica-se com o "direito objetivo".

A propósito, em interessante imagem, estabelecendo analogia com a anatomia humana, o jurista italiano faz interessantes observações acerca da função jurisdicional do Estado:

> La giurisdizione è una potestà, che appartiene al giudice e non allo Stato; il giudice è bensì un organo dello Stato, ma la giuris-

---
(24) DALAZEN, João Oreste. *Op. cit.*, p. 18.
(25) *Ibidem*, p. 20/21.
(26) *Ibidem*, p. 21.

> dizione è un potere dell'organo, non dello Stato; allo stesso modo diciamo che la vista è una funzione dell'occhio, non del corpo animale; non si può attribuire la giurisdizione allo Stato né la vista al corpo perché la giurisdizione come la vista è funzione differenziata e perciò parziale e sarebbe un'incoerenza logica attribuire la funzione della parte al tutto.[27] (CARNELUTTI, 1960, p. 64/65)

Saliente-se, como admoesta Dalazen (1994, p. 21), ao referir-se à postura de Carnelutti, revelar-se:

> (...) inquestionável que se desenvolve a jurisdição propriamente dita sempre com referência a uma lide, mas esta também não constitui nota peculiar da jurisdição: a Administração Pública também resolve conflitos de interesse caracterizados por uma pretensão jurídica resistida.[28]

Por fim, menciona-se a conceituação de Ramiro Podetti (1963, p. 155), que assim define jurisdição:

> Entiendo por jurisdicción, el poder que la rama judicial del Estado ejercita, a petición de parte (competencia civil), o de oficio (competencia penal), para esclarecer la verdad de los hechos controvertidos, actuando la ley en la sentencia y haciendo que ésta sea cumplida.[29]

◆◆◆ 2.2.2.4. Definição adotada

Despicienda, para os propósitos do presente estudo, passar em revista aqui outros incontáveis conceitos de jurisdição.

Dentre as inúmeras definições formuladas pela doutrina, Dalazen entende que a mais exata é a de Eduardo Couture (COUTURE *apud* DALAZEN, 1994, p. 20/21):

> (...) función publica, realizada por órganos competentes del Estado, con las formas requeridas por la ley, en virtud de la cual, por acto de juicio, se determina el derecho de las partes, con objeto de dirimir sus conflictos y controversias de relevancia jurídica, mediante decisiones con autoridad de cosa juzgada, eventualmente factibles de ejecución.

---

(27) CARNELUTTI, Francesco. *Principi del processo penale*. Napoli: Morano, 1960. p. 64/65.
(28) DALAZEN, João Oreste. *Op. cit.*, p. 21.
(29) PODETTI, J. Ramiro. *Teoria y tecnica del proceso civil*. Buenos Aires, 1963. p. 155.

É a que também se adota como ponto de partida para as elucubrações a serem realizadas na investigação que ora se empreende.

Ao se assentar o caráter de "função pública", não se pode deixar de reconhecer que se cuida de "poder-dever" do Estado, que, por força do monopólio do uso da força que historicamente lhe foi delegado, vê-se obrigado a oferecer a todos os cidadãos resposta legítima e justa aos conflitos de interesse que lhe submetem.

Enquanto poder, de um lado, a função jurisdicional há de ser vista como prerrogativa estatal consistente em solução heterocompositiva que se apresenta às partes como meio de pacificação das controvérsias. De outro lado, apresenta-se como uma garantia assegurada aos sujeitos dotados de personalidade jurídica de respeito aos direitos que lhe assistem e a que corresponde por parte do Estado um dever impostergável e "personalíssimo", por assim dizer.

Como fundamento político que sustenta esse "poder-dever", conforme soem mencionar internacionalistas e processualistas, encontra-se a soberania, cujos vetores de força projetam seus efeitos de forma centrípeta e de forma centrífuga. Sob a ótica internacional, compele os demais Estados e membros da comunidade internacional a respeitarem os limites territoriais demarcados historicamente. Desde a perspectiva doméstica, coloca-se como arrimo do poder incontrastável do ente estatal a que os cidadãos devem reverenciar e a quem devem recorrer, em caso de conflito[30].

◆◆ **2.2.3. IMUNIDADE DE JURISDIÇÃO**

A imunidade de jurisdição apresenta-se, nesse contexto, não como regra, mas como exceção, tal como bem assinala Arion Sayão Romita (1996, p. 7), que destaca igualmente as implicações hermenêuticas dessa constatação:

---

(30) Nesse sentido, Santi Romano aponta como um dos traços da soberania a independência do ordenamento jurídico estatal: "Allora sovranità significa, in primo luogo, indipendenza: l'ordinamento statale non dipende da nessun altro ma ha in sè la sua fonte, si pone e si modifica da sè e, quindi, la sua efficacia e validità non gli è comunicata dal di fuori, ma è puramente interna. Questo suo carattere viene indicato anche con la qualifica di ordinamento originario, che lo contrappone agli o indirettamente ad un ordinamento superiore, che li pone, li modifica, li abroga, e dal quale, per conseguenza, dipendono. È chiaro che, in questo senso, originario e sovrano sono due aggettivi sinonimi, che si possono usare promiscuamente. E il concetto di sovranità così inteso non implica soltanto una posizione di indipendenza dell'ordinamento originario o sovrano, che dir si voglia, rispetto agli altri che ne derivano, ma implica altresì, considerato non più negativaamente, ma positivamente, una forza o efficacia di esso superiore a quella di tutti gli altri ordinamenti che vivono nel suo ambito e gli sono subordinati". ROMANO, Santi. *Principi di diritto costituzionale generale*. 2. ed. Milano: Giuffrè, 1947. p. 68.

Ao contrário do que se poderia imaginar num primeiro instante, a imunidade de jurisdição não é regra de direito internacional público: constitui, na verdade, exceção. A observação ganha relevo no campo da hermenêutica, porque a exceção deve ser interpretada restritivamente.

A regra geral é que, por ser titular de soberania, o estado exerce jurisdição sobre todas as pessoas e bens que se encontram em seu território. Esta prerrogativa sofre, porém, restrições em prol da harmonia do próprio sistema internacional, como ocorre no caso dos privilégios e imunidades assegurados aos agentes diplomáticos, o que evita uma permanente litigiosidade.[31]

Na lição de Romita (1996, p. 7), a imunidade de jurisdição pode ser concebida do seguinte modo:

> A imunidade de jurisdição consiste na faculdade assegurada aos entes de direito internacional público de não serem submetidos, sem seu expresso assentimento, aos efeitos da jurisdição penal, civil e administrativa exercida pelo Estado, em virtude de normas jurídicas internacionais, inicialmente costumeiras e, hoje, constantes de tratados e convenções. A jurisdição trabalhista está abrangida na civil.[32]

Como se vê, tal "faculdade" exime os entes de direito internacional da atuação das normas de direito material nacionais. O poder-dever jurisdicional encontra, desse modo, óbice intransponível à sua plena atuação.

Para os efeitos da presente análise, pois, basta, por ora, definir imunidade de jurisdição como **garantia excepcional concedida aos entes de direito internacional público de não se sujeitarem à atuação do poder jurisdicional de Estado nacional**.

Feitas essas delimitações semânticas, passa-se, assim, à descrição da evolução histórica do instituto da imunidade de jurisdição.

◆ 2.3. *Natureza e localização geográfica do instituto*

Os doutrinadores internacionalistas costumam situar o tema da imunidade de jurisdição nos domínios do Direito Internacional Público, *v. g.* Jorge Fontoura (1998, p. 1), para quem:

---

(31) ROMITA, Arion Sayão. Entes de direito público externo. Aspectos da competência. In: *Revista Trabalho & Doutrina*, v. 8, p. 7, mar. 1996.
(32) *Idem.*

A imunidade à jurisdição e execução locais e seus consectários processuais que contemplam Estados estrangeiros, organizações internacionais governamentais, incluindo seus agentes políticos e demais operadores oficiais, é, a nosso juízo, em toda sua essencialidade, tema flagrante e eminente de direito internacional público.[33]

A posição mais adequada, contudo, para um estudo mais completo da matéria é a de identificar no assunto das imunidades de jurisdição e de execução "um campo de pertinência dos Direitos internos (Constitucional, Processual, Civil, Comercial, Trabalhista, Penal) e do Direito Internacional Público", na feliz explicação de Guido Soares (1999, p. 3)[34].

Daí se segue que a natureza do instituto da imunidade de jurisdição apresenta-se distintamente conforme o ramo do direito sob o enfoque do qual se esteja examinando-a. Partindo-se do enquadramento que se lhe reserva o direito interno, constitui preliminar se vista desde a ótica da processualística, é exceção à garantia do acesso à justiça sob a perspectiva do direito constitucional; revela-se uma prerrogativa conferida aos entes dotados de personalidade jurídica internacional.

A natureza polifacetada dessa categoria jurídica obriga, pois, o estudioso do tema, que vise à sua compreensão mais integral, a projetar sobre seu objeto de análise as luzes emanadas dos princípios que orientam o direito doméstico e o direito internacional.

É o que se pretende desenvolver no estudo que ora se empreende.

◆ **2.4. Fundamentos**

◆◆ **2.4.1. Extraterritorialidade**

É a ficção jurídica por meio da qual Hugo Grócio, já no século XVII com o célebre *De iure belli ac pacis*, procurava informar a imunidade jurisdicional, nos seguintes termos:

> (...) segundo o Direito das Gentes, como um embaixador representa por uma espécie de ficção a própria pessoa de seu Senhor, ele é também considerado, por semelhante ficção, como se

---

(33) FONTOURA, Jorge. *Imunidade de jurisdição e de execução dos estados estrangeiros e de seus agentes* — uma leitura ortodoxa, 1998. Disponível em: <http://www.cedi.org.br/Eventos/imunidade/palestraspdf/jorge.pdf>.
(34) SOARES, Guido. *Origens e justificativas da imunidade de jurisdição*. 1999. Disponível em: <http://www.cedi.org.br/Eventos/imunidade/palestraspdf/profguido.pdf>.

estivesse fora do território do Estado junto ao qual exerce suas funções.[35]

Segundo a teoria da extraterritorialidade, os lugares em que se estabelecem as representações estrangeiras são tidos como uma porção do território do país que representam.

Conforme destaca Georgenor Franco Filho (1988), embora acolhida por juristas como Bluntschli e Calvo, a teoria encontra-se completamente obsoleta, tendo autores como Fiore e Foignet repelido-a com veemência[36].

◆◆ 2.4.2. PAR IN PAREM

A locução latina *par in parem non habet imperium* costuma ser referida como fundamento clássico para a imunidade de jurisdição. Trata-se de consectário lógico da igualdade ou paridade de forças entre as soberanias nacionais. Entre iguais, assim, não faria sentido o exercício ou imposição de poder de uma parte a outra.

Por ora[37], basta assentar que o princípio não justifica a existência das imunidades, mas sim veda ao Estado acreditado ou receptor tomar quaisquer medidas para o exercício de jurisdição ou atos de execução sem que a renúncia expressa ocorra. E, como doutrina Georgette Nazo, "define bem o *ius imperii* de um Estado"[38]. (NAZO *apud* FRANCO FILHO, 1988, p. 76)

◆◆ 2.4.3. INTERESSE DA FUNÇÃO

A também chamada "teoria da relevância das funções" é a esposada por Eméric Vattel, em seu *Le Droit des Gens*, de 1758, e ainda nos dias atuais é aceita. Pode ser sintetizada no princípio *ne impediatur officium* ou *ne impediatur legatio* ("que o exercício da função não seja impedido", ou "que a missão diplomática não sofra impedimento").

Na descrição de Tunkin:

> (...) la necesidad de asegurar condiciones que permitieran cumplir su cometido a este organismo especifico del Estado lo que servió

---

(35) GRÓCIO, Hugo. *De jure belli ac pacis*. Livro II, Cap. XVIII. Disponível em: <http://www.constitution.org/gro/djbp.htm>.
(36) FRANCO FILHO, Georgenor de Sousa. Da imunidade de jurisdição trabalhista e o art. 114 da Constituição de 1988. In: *Revista TRT 8ª Reg.*, Belém, 24 (46): 75-84, p. 76, jan./jun. 1991.
(37) Mais adiante, quando se investigar a origem histórica da imunidade de jurisdição, a máxima será melhor contextualizada.
(38) FRANCO FILHO, Georgenor de Sousa. *Op. cit.*, p. 76.

de fundamento mayor para concederle un estatuto personal.[39]
(TUNKIN *apud* FRANCO FILHO, 1988, p. 77)

Constitui o fundamento da Convenção de Viena, de 1961, que cuida de privilégios e imunidades nas relações diplomáticas. Em conformidade com tal teoria, os misteres dos embaixadores não atingiriam suas finalidades, se não lhes fossem outorgadas as prerrogativas indispensáveis ao exercício livre e seguro de suas atividades. Cuidar-se-ia, desse modo, de "prerrogativa da função" e não um "benefício pessoal", para empregar as fraseologias de Aryon Sayão Romita (1996)[40].

---

(39) *Apud* FRANCO FILHO, Georgenor de Sousa. *Op. cit.*, p. 77.
(40) ROMITA, Arion Sayão. *Op. cit.*, p. 8.

3 BREVE ESCORÇO HISTÓRICO

◆ *3.1. ORIGEM*

A imunidade dos agentes das primeiras comunidades nacionais, que ainda não se constituíam em Estados propriamente ditos, recua aos albores da história das civilizações, como indica Jorge Fontoura (2002, p. 1):

> Trata-se, em verdade, de instituto ancestral, da pré-história do direito internacional público, *a priori* à existência do Estado, presente em seus fundamentos já nas relações de *potestas* da antiguidade oriental, desde as guerras dos faraós e dos conflitos mesopotâmicos. Depois, na civilização clássica, sempre reflui em episódios das relações de beligerância das *polis* gregas, nas guerras médicas e, com especial ênfase, em passagens marcantes das Guerras Púnicas, no período áureo da Roma republicana. Finalmente na Idade.[41]

Já Guido Soares (1984) identifica, na história da humanidade, os primeiros registros relativamente aos fatos ou atos isentos da jurisdição de uma autoridade local na religião. Concerniam a determinados locais, que, consagrados ao culto divino, obstavam o exercício de atividades outras que não as estritamente ligadas aos serviços religiosos. A esse respeito, narra Guido Soares (1984, p. 1):

> Assim, na Grécia Clássica e em todos os períodos da Civilização romana, no interior de templos, cemitérios, e locais onde os adi-

---

(41) FONTOURA, Jorge. *Imunidade de jurisdição e de execução dos estados estrangeiros e de seus agentes uma leitura ortodoxa.* Disponível em: <http://www.cedi.org.br/Eventos/imunidade/palestraspdf/jorge.pdf> p. 1.

vinhos realizavam suas atividades, bem como nas suas proximidades, havia um entendimento de que os poderes das autoridades locais cessavam, em respeito à superioridade dos seres a quem aqueles lugares estavam dedicados. Interessante observar que as origens do instituto do asilo, em virtude do qual uma pessoa perseguida pelas autoridades leigas, poderia buscar a proteção dos deuses, ao refugiar-se nos referidos lugares a estes consagrados, tem nitidamente raízes em tais conceitos dos antigos povos.[42]

Sobreleva notar, no entanto, que apenas tem sentido cogitar de imunidade de **jurisdição**, no sentido que se delineou no tópico anterior, se há, naturalmente, Estado a exercer a jurisdição, já que esta se encontra aqui concebida como poder-dever estatal, conforme já assentado. Portanto, a história do instituto está vinculada à história do Estado.

Jacob Dolinger (1982) recorda que, conquanto alguns entendam que o instituto da imunidade de jurisdição estatal, enquanto construção doutrinária, remonta ao século XIX, sua primeira referência principiológica repousa sobre a regra feudal sintetizada na já referida máxima *par in parem non habet imperium*[43], segundo a qual os senhores feudais somente respondiam a seus superiores e não a seus iguais. Georgenor de Sousa Franco Filho (1986), um dos maiores estudiosos do tema no Brasil, alude à introdução do princípio por Bartolo de Saxoferrato, em 1354, na obra *Tractus Repraesaliarum*[44].

Dessa antiga regra, prossegue Dolinger (1982), derivou a imunidade pessoal concedida aos soberanos, a qual, por sua vez, estribou a norma costumeira de acordo com a qual resultava inviável o exercício de jurisdição de uma soberania territorial sobre outra[45].

Em Montesquieu, a imunidade diplomática apresenta-se como decorrência da liberdade e da independência do príncipe:

> Les lois politiques demandent que tout homme soit soumis aux tribunaux criminels et civils du pays où il est, et à l'animadversion du souverain.

---

(42) SOARES, Guido. *Op. cit.*, p. 1.
(43) A frase completa é: "Non enim una civitas potest facere Legem super alteram, quia par in parem non habet imperioum". Numa tradução livre: "Um Estado não pode estabelecer uma lei sobre outro porque não tem império sobre quem é seu par", ou simplesmente "não há submissão entre iguais".
(44) FRANCO FILHO, Georgenor de Sousa. *Imunidade de jurisdição trabalhista dos entes de direito internacional público.* São Paulo: LTr, 1986. p. 114.
(45) DOLINGER, Jacob. *Op. cit.*, p. 6.

> Le droit des gens a voulu que les princes s'envoyassent des ambassadeurs; et la raison, tirée de la nature de la chose, n'a pas permis que ces ambassadeurs dépendissent du souverain chez qui ils sont envoyés, ni de ses tribunaux. Ils sont la parole du prince qui les envoie, et cette parole doit être libre. Aucun obstacle ne doit les empêcher d'agir. Ils peuvent souvent déplaire, parce qu'ils parlent pour un homme indépendant. On pourrait leur imputer des crimes, s'ils pouvaient être punis pour des crimes; on pourrait leur supposer des dettes, s'ils pouvaient être arrêtés pour des dettes. Un prince qui a une fierté naturelle, parlerait par la bouche d'un homme qui aurait tout à craindre. Il faut donc suivre, à l'égard des ambassadeurs, les raisons tirées du droit des gens, et non pas celles qui dérivent du droit politique. Que s'ils abusent de leur être représentatif, on le fait cesser en les renvoyant chez eux: on peut même les accuser devant leur maître, qui devient par là leur juge ou leur complice.[46] (MONTESQUIEU, 1758, p. 5)

A imunidade dos soberanos ganhou expressão constitucional, no sistema da *common law*[47]. O princípio pode ser reduzido à máxima *the king/the queen can do no wrong* (ou, na formulação francesa, *le roi ne peut mal faire*), de que rei ou rainha não poderia praticar atos ilegais e, portanto, revelar-se-ia despicienda sua submissão às cortes locais[48]. (SOARES, 2001)

Da imunidade pessoal do soberano é que surgiu a imunidade do Estado, como ente juridicamente constituído[49]. A noção de imunidade estatal nasce, por óbvio, junto com os estados nacionais. (DOLINGER, 1982)

◆ 3.2. Evolução

◆◆ 3.2.1. Imunidade absoluta

Num primeiro momento, em razão da necessidade de afirmação incontestе da soberania dos primeiros Estados, é compreensível que a doutrina

---

(46) MONTESQUIEU, Charles de Secondat. *De l'esprit des lois* (1758). Livre XXVI: des lois dans le rapport qu'elles doivent avoir avec l'ordre des choses sur lesquelles elles statuent, Chapitre XXI – Qu'il ne faut pas décider par les lois politiques les choses qui appartiennent au droit des gens. Disponível em: <http://www.uqac.uquebec.ca/zone30/Classiques_des_sciences_sociales/livres/montesquieu/de_esprit_des_lois/partie_5/partie_5_livre_26_chap_21>.
(47) *Idem*.
(48) SOARES, Guido Fernando. Imunidade de jurisdição: evolução e tendências. In: *Série Cadernos do CEJ*, v. 19, Imunidade soberana: o Estado estrangeiro diante do juiz nacional. Conselho da Justiça Federal. Centro de Estudos Judiciários. Brasília: CJF, p. 11, 2001.
(49) DOLINGER, Jacob. *Op. cit.*, p. 6.

da imunidade tenha ganhado ares de absolutismo. Até que se consolidassem de forma mais definitiva os marcos fronteiriços entre as nações, a soberania carecia de imposição irrestrita, e, por decorrência, a imunidade de jurisdição, que a tem como um de seus pilares, seguia a mesma senda.

Tal tendência foi acolhida pelos tribunais entre os séculos XIII e XIX. É o que registra Dolinger (1982, p. 6/7):

> Iniciando-se no final do século XVIII e continuando através do século XIX, as cortes nacionais desenvolveram a doutrina da ilimitada imunidade estatal. A recíproca independência, igualdade, e dignidade dos Estados soberanos obrigaram-se a se abster de exercer qualquer jurisdição *in personam* ou *in rem* visando a coerção das leis locais sobre um Estado estrangeiro ou sobre sua propriedade.
>
> Significava isto que os Estados renunciavam à sua jurisdição territorial, exclusiva e absoluta, sempre que estivessem envolvidos um Estado estrangeiro ou suas propriedades.[50]

Nessa esteira, a título de ilustração, Dolinger (1982) menciona o precedente "Schooner Exchange v. Mc Faddon", apreciado pela Suprema Corte norte-americana em 1812, em que figuraram como partes uma embarcação militar francesa atracada em porto americano. Eis o que, conforme refere o mencionado doutrinador, o Chief Justice Marshall assentou:

> One sovereign being in no respect amenable to another: and being bound by obligations of the highest character not to degrade the dignity of his nation by placing himself or his sovereign rights within the jurisdiction of another, can be supposed to enter a foreign territory... in the confidence that the immunities belonging to his independent sovereign station... are reserved by implication, and will be extended to him.[51] (DOLINGER, 1982, p. 7)

A doutrina trilhava a mesma direção.

Hugo Grócio (1625) assim se refere às propriedades dos embaixadores, que seriam intangíveis, ainda que contraídas dívidas no Estado acreditado, as quais deveriam lhes ser pessoalmente comunicadas de forma cortês e, em caso de recusa ao pagamento, ao soberano do Estado acreditante:

---

(50) DOLINGER, Jacob. *Op. cit.*, p. 6/7.
(51) *Ibidem*, p. 7.

> IX. Neither can the moveable property of an ambassador, nor any thing, which is reckoned a personal appendage, be seized for the discharge of a debt, either by process of law, or even by royal authority. For, to give him full security, not only his person but every thing belonging to him must be protected from all compulsion. If an ambassador then has contracted a debt, and, as is usual, has no possession in the country, where he resides: first of all, courteous application must be made to himself, and, in case of his refusal, to his sovereign. But if both these methods of redress fail, recourse must be had to those means of recovery, which are used against debtors residing out of the jurisdiction of the country.[52]

Mesmo Grócio (1625) antevia as objeções daqueles que poderiam ver em tais privilégios um desestímulo aos que, porventura, se relacionassem comercialmente com os representantes dos Estados:

> X. Nor is there, as some think, any reason to fear, that if such extensive privileges were established, no one would be found willing to enter into any contract with an ambassador, or to furnish him with necessary articles. For the same rule will hold good in the case of ambassadors, as in that of Kings. As sovereigns, who for the best of reasons, are placed above the reach of legal compulsion, find no difficulty in obtaining credit.[53]

A imunidade absoluta apenas se sustentava tendo em vista o relativo "isolacionismo" que marcava a atuação dos Estados diante do universo das relações privadas, conforme ressalta Gerson de Britto Mello Bóson (1972, p. 12):

> (...) os seus fundamentos originários se acham nos princípios acima [*par in parem* e *comitas gentium*], estatuidores do direito absoluto do Estado de se organizar, de não depender senão de seus próprios órgãos, cujos pressupostos eram válidos em termos do isolacionismo em que viviam os Estados ausentes do vasto campo das atividades privadas, no qual hoje se desdobram por constituir um dos setores da sua mais importante e permanente atualização.[54]

---

(52) GRÓCIO, Hugo. *De jure belli ac pacis*. Livro II, Cap. XVIII, IX. Disponível em: <http://www.constitution.org/gro/djbp.htm>.
(53) GRÓCIO, Hugo. *Op. cit.*, Livro II, Cap. XVIII, X.
(54) BOSON, Gerson de Britto Mello. Imunidade jurisdicional dos estados. In: *Revista de Direito Público*, n. 22, Doutrina, p. 12, out./dez. 1972.

Os rigores dessa visão acerca da imunidade, entretanto, avançam incólumes pelo menos até metade do século XX, como destaca Enéas Torres (1999)[55]. Emblemática a postura de Kelsen (1965, p. 203), para quem:

> (...) a ningún Estado le está permitido ejercer, por intermedio de sus propios tribunales, jurisdicción sobre otro Estado, a menos que el otro Estado lo consienta expresamente.[56]

Ressalte-se que, ainda nos tempos atuais, não poucos defendem a imunidade de jurisdição absoluta, consoante se verá mais adiante.

Depreende-se, de toda sorte, que a linha evolutiva do instituto da imunidade de jurisdição acompanhou as vicissitudes que marcaram a história dos estados nacionais, não obstante as oscilações e resistência da doutrina sobre a matéria.

◆◆ 3.2.2. Relativização

Entre o final do século XIX e meados do século passado, a expansão do espectro de atuação dos Estados, máxime sua projeção no domínio econômico, ampliou as relações jurídicas entre órgão e/ou agentes estatais e particulares e diminuiu as fronteiras entre direito público e privado. A natureza antes eminentemente pública das relações estatais passou, portanto, a ser contestada e onde antes se divisava prerrogativa de entes públicos principiou-se a antever privilégios injustificados. Oportunas as anotações de H. Pelo (1987), nesse particular:

> International law has evolved from a law of sovereigns to a law of nations. Sovereigns, or **rulers**, were considered immune from any jurisdiction other than their own.
>
> This was historically and politically a sound concept. Until the moment when, from about the middle of the 19th century, the young states engaged in the growing international market and behaved, as such, like **traders**.[57]

A imunidade de jurisdição, antes garantia da soberania do Estado, passava a ser encarada como regalia, especialmente no âmbito dos atos de comércio praticados pelos governos.

Dolinger (1982, p. 7) assim descreve esse processo:

---

(55) TORRES, Eneas. *Recepção de normas internacionais e o caso da imunidade de jurisdição*. Disponível em: <http://sphere.rdc.puc-rio.br/sobrepuc/depto/direito/revista/online/rev14_eneas.html>.
(56) KELSEN, Hans. *Princípios de DIP*. Tradução de H. Caminos e E. Hermida. Buenos Aires: El Ateneo, 1965. p. 203.
(57) PELO, H. *State trading in international commerce*. Disponível em: <http://www.drpelo.com/pdf/internatlaw/StateTrading2003Edition.pdf>.

E apesar de sua [dos Estados] frequente competição com indivíduos e entidades privadas, os governos continuaram exigindo o direito de invocar imunidade em processos judiciais decorrentes de questões surgidas de suas atividades competitivas. Não tardou a reação dos que consideravam que esta imunidade redundava numa injusta desvantagem para os particulares e às pessoas jurídicas de direito privado que transacionavam com os governos.

Assim surgiu uma resistência ao princípio da imunidade absoluta do Estado nas relações internacionais, que, aliás, já se manifestara no plano da imunidade doméstica, campo no qual se passara a admitir o direito de particulares processarem o Estado por prejuízos sofridos em decorrência de atos do soberano.[58]

Com o fim da Primeira Grande Guerra, conforme noticia o aludido autor, passaram a coexistir duas principais correntes doutrinárias sobre a imunidade de jurisdição. Uma primeira, ainda apegada aos paradigmas já em obsolescência, partidária da imunidade absoluta, e outra, de olhos postos nas novas conjunturas, sectária da imunidade restrita, relativa ou temperada.

A concepção restritiva ou relativista apoiava-se sobretudo em dois pilares teóricos. O primeiro refere-se às restrições impostas à soberania estatal, nos planos interno e externo. Já o segundo diz respeito à distinção entre atos de império (*acta iure imperii*) e atos de gestão (*acta iure gestionis*), que constitui o critério para demarcar os limites das aludidas restrições.

◆◆◆ 3.2.2.1. LIMITAÇÃO DA SOBERANIA

Um dos argumentos recorrentes dos que advogavam e dos que ainda hoje subscrevem a tese clássica da imunidade absoluta é o do respeito incondicional à soberania dos Estados nacionais.

Segundo o magistério de Pietro (1997), as teorias de irresponsabilidade estatal ilimitada, também conhecidas como teorias regalistas, regalianas ou feudais, foram adotadas sobretudo na época dos Estados absolutos e repousam, fundamentalmente, na ideia de soberania irrestrita[59]. Ensina a administrativista:

---

(58) DOLINGER, Jacob. *Op. cit.*, p. 7.
(59) A origem dos Estados nacionais supôs a existência de poder incontrastável que assegurasse, no âmbito interno, o monopólio do uso da força, e, no externo, a independência e autonomia necessárias à afirmação do Estado no cenário internacional. VEDEL salienta, a propósito: "La souveraineté est ce qui, dans le monde du droit, fait de l'Etat un être à certains égards unique. Elle est la conséquence, comme on l'a noté plus haut, du privilège. Qui est le sien: le monopole de la force armée, et, partant, de la contrainte organisée". VEDEL, Georges. *Manuel élémentaire de droit constitutionnel*. Paris: Sirey, 1949. p. 103.

O Estado dispõe de autoridade incontestável perante o súdito; ele exerce a tutela do direito, não podendo, por isso, agir contra ele; daí os princípios de que o rei não pode errar (*the king can do no wrong; le roi ne peut mal faire*) e o de que "aquilo que agrada ao príncipe tem força de lei" (*quod principi placuit habet legis vigorem*). Qualquer responsabilidade atribuída ao Estado significaria colocá-lo no mesmo nível que o súdito, em desrespeito a sua soberania.[60] (PIETRO, 1997, p. 409/410)

Essa mesma postura que se firmou no âmbito doméstico, projetou seus efeitos na esfera internacional, de modo que, nas relações internacionais, os Estados também se arrogavam das prerrogativas inerentes à soberania, incluída aí de não se verem submetidos à jurisdição de qualquer outro Estado[61].

O raciocínio que se desenvolveu no campo da imunidade jurisdicional, conforme se evidenciou especialmente em meados do século passado, articulava algumas referências conceituais falaciosas, cujas premissas se revelaram equivocadas, ou, ao menos, obsoletas, sobretudo se examinadas à luz dos atuais marcos teóricos do direito constitucional e do direito internacional público.

Historicamente, as mudanças que se operaram na redefinição do modelo de Estado no século passado conduziram ao que Norberto Bobbio (1993, p. 1187) descreve como "eclipse da soberania":

> No nosso século, o conceito político-jurídico de Soberania entrou em crise, quer teórica quer praticamente. Teoricamente, com o prevalecer das teorias constitucionalistas; praticamente, com a crise do Estado moderno, não mais capaz de se apresentar como centro único e autônomo de poder, sujeito exclusivo da política, único protagonista na arena internacional. Para o fim deste monismo contribuíram, ao mesmo tempo, a realidade cada vez mais pluralista das sociedades democráticas, bem como o novo caráter dados às relações internacionais, nas quais a interdependência entre os diferentes Estados se torna cada vez mais forte e mais estreita, quer no aspecto jurídico e econômico, quer no aspecto político e ideológico. Está desaparecendo a plenitude do

---

(60) PIETRO, Maria Sylvia Zanella di. *Direito administrativo.* São Paulo: Atlas, 1997. p. 409/410.
(61) O internacionalista Wolfgang Friedmann destaca, a esse respeito: "The state alone, though itself a juristic personality, is placed on the same level as the individual. Its personality is really beyond question, and it bestows on or withdraws legal personality from other groups and associations within its jurisdiction as an attribute of its sovereignty". FRIEDMANN, Wolfgang. *Legal theory.* 5. ed. New York: Columbia University, 1967. p. 557 e 558.

poder estatal, caracterizada justamente pela Soberania; por isso o Estado acabou quase se esvaziando e quase desapareceram seus limites.⁽⁶²⁾

De um lado, desde uma perspectiva interna ou doméstica, soberania é, ontologicamente, um atributo de poder limitado no Estado de direito, cujas fronteiras lhe são demarcadas, antes de tudo, pela lei. Essa, aliás, é uma das primeiras finalidades do direito constitucional, a saber: o estabelecimento dos limites dentro dos quais a soberania nacional será exercida. Esse o sentido que se pode extrair, *a contrario sensu*, do quanto ensina, Léon Duguit (1927, p. 478), a esse respeito:

> En effet, si la souveraineté est par définition ce droit d'une volonté qui ne se détermine jamais que par elle-même, cette volonté ne peut pas être limitée par une règle de droit, parce que si elle l'était, elle ne pourrait pas aller au dela de cette règle de droit, parce qu'il aurait alors un point au delà duquel elle ne se déterminerait plus par elle-même et qu'elle cesserait ainsi d'être une volonté souveraine.⁽⁶³⁾

Também ilustrativo, nessa esteira, o quanto ressaltado por Elcio Trujillo (1995, p. 47), ao destacar o anacronismo da soberania irrestrita:

> A soberania, que na sua forma originária, tinha um caráter absoluto, sofre hoje restrições jurídicas, impondo ao Estado sua submissão às condições objetivas do Direito e da legalidade, tanto na ordem interna, quanto externa, constituindo o chamado Estado de Direito, juridicamente organizado e obediente às suas próprias leis.⁽⁶⁴⁾

De outro lado, a partir de referenciais externos ou internacionais, o caráter soberano dos Estados nacionais sofre restrições em ordem a permitir a convivência ordenada e pacífica dos membros da comunidade internacional. Nesse contexto, paralelamente, o direito internacional público tem sua origem vinculada à necessidade de disciplinar as relações entre os entes de DIP, conferindo harmonia e estabilidade ao convívio destes.

É certo que, como bem define Charles G. Fenwick (1952, p. 297), a soberania consiste, do ponto de vista internacional, em independência do Estado relativamente às demais pessoas jurídicas internacionais:

---

(62) BOBBIO, Norberto; MATTEUCCI, Nicola; PASQUINO, Gianfranco. *Dicionário de política*. Tradução de Carmen C. Varriale *et al*. Brasília: Universidade de Brasília, 1993. p. 1187.
(63) DUGUIT, Léon. *Traité de droit constitutionnel*. 3. ed. Paris: Boccard, 1927. t. 1, p. 478.
(64) TRUJILLO, Elcio. *Responsabilidade do Estado por ato lícito*. São Paulo: LED, 1995. p. 47.

"Sovereignty might be defined ... as the independent personality of the state in its relations with other members of the international community"[65].

Contudo, não há como deixar de reconhecer a circunstância evidente de que, para se relacionar com outras nações, exigem-se da entidade estatal concessões, de diferentes ordens e em diverso campos e níveis, em nome da manutenção da paz mundial. Impensável, portanto, a projeção ilimitada da soberania no campo das relações interestatais.

Depreende-se dessas rápidas considerações que a soberania não mais se reveste de natureza absoluta quer do ponto de vista interno quer do ponto de vista externo, de onde se constata que não há como conceber doutrina apoiada em definição de soberania como categoria absoluta.

◆◆◆ 3.2.2.2 ATOS DE IMPÉRIO E ATOS DE GESTÃO

Proveniente do direito administrativo, a separação entre tais atos refere-se à bipartição da atuação do Estado no tocante a duas esferas: 1) o exercício da soberania em defesa do interesse público, de forma imediata, correspondente à primeira espécie de atos; e 2) a prática de atos privados ou comerciais, concernente à segunda.

Esse segundo gênero é o daqueles negócios jurídicos em que, na terminologia de Pontes de Miranda (1974, p.175), se abstrai a estatalidade: "(...) o Estado (estrangeiro) pode ser figurante de negócios jurídicos de direito privado em que se abstraia da estatalidade"[66].

O projeto de regulamento sobre competência dos tribunais nos processos contra Estados, soberanos ou Chefes de Estado estrangeiros, do Instituto de Direito Internacional, aprovado na sessão de Hamburgo, de 1891, em seu art. 2º, louvou-se da distinção para dispor que "intentadas por atos de soberania ou decorrentes de contrato do querelante como funcionários do Estado"[67] (ACCIOLY *apud* FRANCO FILHO, 1986, p. 123).

A contrario sensu, a prática de ato de gestão induziria, portanto, à submissão do Estado ao Poder Judiciário estrangeiro.

Hely Lopes Meirelles (1991, p. 142) diferencia atos de império de atos de gestão nos seguintes termos:

---

(65) FENWICK, Charles G. *International law*. 4. ed. New York: Appleton-Century-Crofts, 1952. p. 297.
(66) MIRANDA, Francisco Cavalcanti Pontes de. *Comentários ao código de processo civil*. Rio de Janeiro: Forense, 1974. t. II, p. 175.
(67) ACCIOLY, Hildebrando. *Apud* FRANCO FILHO, Georgenor de Sousa. *Imunidade de jurisdição trabalhista dos entes de direito internacional público*. São Paulo: LTr, 1986. p. 123.

Atos de império ou de autoridade são todos aqueles que a Administração pratica usando de sua supremacia sobre o administrado ou servidor e lhes impõe obrigatório atendimento. É o que ocorre nas desapropriações, nas interdições de atividade, nas ordens estatutárias. Tais atos podem ser gerais ou individuais, internos ou externos, mas sempre unilaterais, expressando a vontade onipotente do Estado e o seu poder de coerção. São, normalmente, atos revogáveis e modificáveis a critério da Administração que os expediu. Com essa conceituação não se revive a vetusta e abandonada teoria da dupla personalidade do Estado, que ora atuaria como pessoa pública, expedindo atos de império, ora agiria como pessoa privada praticando atos de gestão. Absolutamente, não. O Estado só atua com personalidade de direito público, mas, se em certos atos impõe a sua autoridade tomando-os coativos para os seus destinatários, noutros, os seus efeitos são facultativos ou dependentes de solicitação do interessado, ou não vinculantes para a Administração e administrados. Nesse sentido se torna conveniente e até mesmo necessária à distinção entre atos de império, atos de gestão e atos de expediente, para bem diferençarmos os seus efeitos jurídicos e consequências práticas.[68]

Já segundo o magistério de Maria Sylvia Zanella di Pietro (1997, p. 121), conceituam-se atos de império como:

> (...) os praticados pela Administração com todas as prerrogativas e privilégios de autoridade e impostos unilateral e coercitivamente ao particular, independentemente de autorização judicial, sendo regidos por um direito especial, exorbitante do direito comum, porque os particulares não podem praticar atos semelhantes.[69]

Por outro lado, de acordo com a lição da aludida administrativista, os atos de gestão poderiam ser definidos como aqueles: "(...) praticados pela Administração em situação de igualdade com os particulares, para a conservação e desenvolvimento do patrimônio público e para a gestão de seus serviços"[70]. (PIETRO, 1997, p. 122)

Convém recordar que para o direito administrativo a diferenciação entre atos de império e de gestão veio a lume como tentativa da denominada

---

(68) MEIRELLES, Hely Lopes. *Direito administrativo brasileiro*. 16. ed. São Paulo: RT, 1991. p. 142.
(69) PIETRO, Maria Sylvia Zanella di. *Direito administrativo*. 8. ed. São Paulo: Atlas, 1997. p. 121.
(70) PIETRO, Maria Sylvia Zanella di. *Op. cit.*, p. 122.

de "teoria da culpa civilista" para engendrar um sistema de responsabilização civil do Estado. Nesse sentido, a ideia de que existiriam atos estatais de gestão, permitiu admitir a responsabilização do Estado no exercício de suas faculdades de gestão.

Nos atos de império, em princípio, a responsabilidade não se configuraria, porquanto, como lembra Yussef Said Cahali (1988, p. 17):

> Em condições tais, agindo o Estado no exercício de sua soberania, na qualidade de poder supremo, supraindividual, os atos praticados nessa qualidade, atos *jus imperii*, restariam incólumes a qualquer julgamento e, mesmo quando danosos para os súditos, seriam insuscetíveis de gerar direito à reparação.[71]

Já nos atos de gestão, indica o mesmo autor, a responsabilidade seria apurada em condições de igualdade ao particular.

❖❖❖ 3.2.2.3. Críticas à distinção

Muitos doutrinadores, todavia, não admitem a distinção, por entenderem que feriria a concepção de unidade intrínseca ao ente estatal. É o caso de *Fitzmaurice*, para quem o Estado soberano não se despe de sua soberania ao praticar atos particulares[72]. Na mesma direção, mas por fundamentos diversos, alinham-se Brierly, Valladão, Süssekind, Bueno Magano, Cretella Júnior e mesmo o já citado Hely Lopes Meirelles[73], autores que assim pensam principalmente por conta da perda de nitidez das linhas demarcatórias entre os atos de gestão e de império. (FRANCO FILHO, 1986)

No campo da imunidade de jurisdição, alguns extraem dessa fragilidade na distinção entre tais tipos de atos argumento em favor da absolutização dessa prerrogativa dos entes internacionais. Franco Filho (1986, p. 124) ilustra esse raciocínio:

> (...) com a publicização do Direito, com a crescente participação do Poder Público na atividade privada, com a socialização do Estado, tornou-se inviável e até mesmo impossível saber-se se o Estado está a agir como ente soberano ou como mero gestor de uma atividade, equiparado, como tal, à pessoa privada. Pretender

---
(71) CAHALI, Yussef Said (coord.). *Responsabilidade civil* — doutrina e jurisprudência. 2. ed. São Paulo: Saraiva, 1988.
(72) DOLINGER, Jacob. *Op. cit.*, p. 12.
(73) FRANCO FILHO, Georgenor de Sousa. *Imunidade de jurisdição trabalhista dos entes de direito internacional público.* São Paulo: LTr, 1986. p. 123/124.

este raciocínio, incorrer-se-á no risco de se romper com o *minimum* necessário para a sobrevivência dos Estados, que é o respeito à autodeterminação e à soberania, relativa, mas incontestável, restringida tão somente às obrigações internacionais que assume, como a adoção de tratados internacionais, e nunca ampliada a ponto de se permitir jurisdição alheia em atividade da qual o Estado, personalidade una, é o titular direto.[74]

A bem da verdade, como bem adverte Dolinger (1982), a definição da natureza do ato praticado pelo Estado estrangeiro requer juízo de valor vinculado à filosofia política adotada[75], de modo que a posição quanto à matéria dependeria da concepção ideológica do governo nacional, se liberal ou intervencionista.

Importante destacar, de toda sorte, que as críticas formuladas pelos administrativistas devem ser interpretadas no contexto da responsabilização objetiva do Estado, consoante se extrai do seguinte excerto extraído do Curso de Direito Administrativo de Cretella Júnior (1975, p. 14/15):

> Embora apresentando inegável progresso em relação à teoria anterior, a teoria dos atos de gestão (com culpa evidente do funcionário) de modo algum é satisfatória em face dos princípios que informam os sistemas jurídicos, porque para aquele que sofre o dano não interessa a natureza do ato, se é de império ou de gestão. Se o Estado é o guardião do Direito, como deixar desamparado o cidadão que sofreu prejuízos por ato do próprio Estado? Por que motivo o Estado vai criar distinção cerebrina para eximir-se da responsabilidade como o fundamento de que o desequilíbrio verificado no patrimônio do particular foi produzido por ação administrativa insuscetível de crítica?[76]

Como bem lembra Cahali (1988, p. 19), ao indicar os fundamentos da teoria da irresponsabilidade do Estado:

> O conceito fundamental da irresponsabilidade absoluta da Administração Pública firma-se em três postulados: 1) na soberania do Estado, que, por natureza irredutível, proíbe ou nega sua igualdade ao súdito, em qualquer nível de relação; a responsabilidade do súdito perante o súdito é impossível de ser reconhecida,

---

(74) FRANCO FILHO, Georgenor de Sousa. *Op. cit.*, p. 124.
(75) DOLINGER, Jacob. *Op. cit.*, p. 13.
(76) CRETELLA JÚNIOR, José. *Curso de direito administrativo*. 4. ed. rev. ampl. e atual. Rio de Janeiro: Forense, 1975. p. 14/15.

pois envolveria uma contradição nos termos da equação; 2) segue-
-se que, representando o Estado soberano o Direito organizado,
não pode aquele aparecer como violador desse mesmo Direito;
3) daí, e como corolário, os atos contrários à lei praticados pelos
funcionários jamais podem ser considerados atos do Estado,
devendo ser atribuídos pessoalmente àqueles, como praticados
não em representação do ente público, mas *nomine proprio*.[77]

Após situar a teoria da irresponsabilidade absoluta em contexto anacrônico, Cahali (1988) infirma a validade dessa concepção, demonstrando a evidente incompatibilidade entre suas proposições e as atuais variáveis normativas e teóricas do Estado de direito.

Portanto, antes de minarem a tese da imunidade relativa, as críticas à distinção entre atos de gestão e de império devem conduzir ao seu fortalecimento, uma vez que sinalizam a inexorável ampliação da responsabilidade dos entes estatais.

---

(77) CAHALI, Yussef Said (coord.). *Op. cit.*, p. 19.

4 IMUNIDADE ESTATAL

◆ 4.1. Marcos normativos

Sobretudo a partir década de setenta, o direito positivo internacional dispensou à matéria tratamento cada vez mais relativista, temperando o caráter antes absoluto que se concedia à imunidade dos entes de Direito Internacional Público.

◆◆ 4.1.1. Convenção Europeia de 1972

Assinada na Basileia, Suíça, a Convenção Europeia de 1972[78], um dos marcos normativos mais importantes dessa inclinação no plano internacional, afastou a imunidade relativamente às demandas de natureza trabalhista ajuizadas por súdito local, ou pessoa residente no território local, contra representação diplomática estrangeira. Aberta à assinatura dos Estados-Partes do Conselho da Europa, e negociada pelos Ministros da Justiça destes países, subscreveram a Convenção: Alemanha, Áustria, Bélgica, Chipre, Luxemburgo, Países Baixos, Suíça e Reino Unido.

No seu art. 5º, assim dispõe o texto convencional:

Article 5

1 — A Contracting State cannot claim immunity from the jurisdiction of a court of another Contracting State if the proceedings relate to a contract of employment between the State and an individual where the work has to be performed on the territory of the State of the forum.

---

(78) Todas as chamadas dos anexos citados nas notas de rodapé estão na p. 183.

2 – Paragraph 1 shall not apply where:

a) the individual is a national of the employing State at the time when the proceedings are brought;

b) at the time when the contract was entered into the individual was neither a national of the State of the forum nor habitually resident in that State; or

c) the parties to the contract have otherwise agreed in writing, unless, in accordance with the law of the State of the forum, the courts of that State have exclusive jurisdiction by reason of the subject-matter.

3 — Where the work is done for an office, agency or other establishment referred to in article 7, paragraphs 2.a and b of the present article apply only if, at the time the contract was entered into, the individual had his habitual residence in the Contracting State which employs him.[79]

Na leitura de Guido Soares (1984, p. 25), reportando-se a I. M. Sinclair, a Convenção de Basileia firmou, em linhas gerais, os quatro seguintes princípios fundamentais, assim sintetizados:

> a) além de regular questões de imunidades de jurisdição, estabelece elementos de conexão com bases suficientes para permitir o reconhecimento e a execução de sentenças passadas contra um Estado estrangeiro;
>
> b) entre estabelecer uma listagem exaustiva ou ilustrativa, dos atos *jure imperii* e *jure gestionis* ou estabelecer uma paridade do Estado estrangeiro ao próprio Estado perante suas cortes, ou ainda manter, em geral, a imunidade do Estado estrangeiro e excepcionar certas categorias de atos, optou-se pela terceira possibilidade: os arts. 1º a 14 contêm casos em que a imunidade não pode ser invocada, e no art. 15, regras residuais de imunidade absoluta;
>
> c) não se permite execução no Estado do foro, contra bens de Estados Contratantes, mas, em contrapartida, há um sistema de obrigações que assegura o cumprimento da sentença, com salvaguardas adicionais, tais a que existem nas convenções internacionais para o reconhecimento e a execução recíprocos de sentenças estrangeiras;
>
> d) cria um regime opcional no art. 24, que tenta conciliar os critérios de vinculação nos países signatários e que pode chocar-se com critérios internos.[80]

---

(79) *Vide* Anexo I.
(80) SOARES, Guido Fernando Silva. *Op. cit.*, p. 25.

A influência da Convenção Europeia sobre Imunidades do Estado foi, inegavelmente, decisiva, como modelo de legislação sobre a matéria, constituindo fonte inspiração aos legisladores de vários países.

Não poucos Estados acolheram a diretriz fixada pela Convenção e a incorporaram ao seu ordenamento jurídico. Foi o caso dos Estados Unidos, que editaram o *Foreign Sovereign Immunities Act*[81], de 21 de outubro de 1976. A iniciativa foi seguida pelo Reino Unido (*United Kingdom State Immunity Act of 1978*[82]), Singapura (*Singapour State Immunity Act of 1979*), Paquistão (*Pakistan State Immunity Ordinance of 1981*), África do Sul (*South Africa Foreign States Immunity Act of 1981*, com emendas em 1985), Canadá (*State Immunity Act of 1980*[83]) e Austrália (*Australian Foreign States Immunities Act n. 196 of 1985*[84])[85] e da Inglaterra, que, em 1978, promulgou o *State Immunity Act*[86].

Deste modo, embora não se possa afirmar com segurança que a maioria das nações relativiza a imunidade de jurisdição em seus ordenamentos jurídicos, pode-se dizer, seguramente, que suas bases consuetudinárias ruíram de forma irrecuperável.

◆◆ **4.1.2. Convenção sobre imunidades jurisdicionais dos Estados e de seus bens**

O texto do Projeto de Convenção sobre Imunidades Jurisdicionais dos Estados e de Seus Bens (*Draft Articles on Jurisdictional Immunities of States and Their Property*)[87] foi adotado pela Comissão de Direito Internacional — CDI da ONU na sua 43ª sessão, em 1991, e submetida à Assembleia Geral como parte do relatório elaborado pela CDI relativamente aos trabalhos da aludida sessão[88].

O Projeto da CDI foi submetido à Assembleia Geral da ONU, como texto definitivo de uma proposta de convenção. Foi submetido à apreciação pelos Estados, segundo os procedimentos vigentes. Uma vez revisto o texto pelos Estados convenentes, com algumas poucas modificações no texto

---

(81) *Vide* Anexo II.
(82) *Vide* Anexo III.
(83) *Vide* Anexo IV.
(84) *Vide* Anexo VII.
(85) SOARES, Guido Fernando Silva. *Op. cit*, p. 23.
(86) *Vide* Anexo III.
(87) *Vide* Anexo V.
(88) Informações disponíveis em: <http://www.un.org/law/ilc/texts/jimmfra.htm>.

original, foi reexaminado pela Assembleia Geral, e, finalmente foi aprovado por esta, resultando na convocação de uma conferência diplomática *ad hoc*, para negociar-se e, a final, adotar-se uma convenção internacional que, uma vez adotada, conforme o Projeto da CDI, passou a denominar-se "United Nations Convention on Jurisdictional Immunities of States and Their Property" — "Convenção sobre Imunidades Jurisdicionais dos Estados e de Seus Bens"[89]. (SOARES, 1984, p. 25)

A Convenção foi adotada pela Assembleia Geral das Nações Unidas, em 2 de dezembro de 2004, por meio da Resolução n. 59/1938. Até 14 de junho de 2010, havia 28 signatários da Convenção e 10 instrumentos de ratificação depositados[90].

Claramente inspirado na Convenção Europcia de 1972 sobre Imunidades dos Estados, o texto proposto pela CDI e aprovado pela Assembleia Geral, como é intuitivo, no dizer de Guido Soares (1984, p. 26):

> (...) representa uma tentativa de, no tema das imunidades de jurisdição dos Estados e de suas propriedades, frente a tribunais judiciários de outros Estados, estabelecer regras de Direito Internacional, que sejam vigentes em todos os sistemas jurídicos internos dos Estados-Partes da futura convenção, além de conter normas que são exigíveis dos mesmos, em situações perante os próprios tribunais.[91]

De outro lado, sinaliza o esforço das Nações Unidas de instituir normas universalmente aceitáveis:

> (...) aplicáveis no território de quaisquer Estados e destes exigíveis, tanto para os incluídos em famílias de direitos diversas, como a romano-germânica, a *Common Law*, e ainda como os sistemas de direito tradicionais e religiosos, quanto para os classificados em quaisquer configurações políticas e econômicas que eles adotem: industrializados, em vias de desenvolvimento e de menor desenvolvimento relativo, ou ainda, de economias de mercado ou de economias centralmente planificadas.[92] (SOARES, 1984, p. 27)

As regras inscritas no instrumento convencional, de alcance universal, terão um duplo efeito quando entrarem em vigor:

---

(89) SOARES, Guido Fernando Silva. *Op. cit.*, p. 25.
(90) Disponível em: <http://en.wikipedia.org/wiki/State_immunity> Acesso em: 7.6.2011.
(91) SOARES, Guido Fernando Silva. *Ibidem*, p. 26.
(92) *Ibidem*, p. 27.

(...) criarão um dever para o eventual Estado parte da possível Convenção, de conferir respeito às imunidades de Estados estrangeiros perante os seus tribunais internos, quanto instituirão direitos subjetivos que aquele Estado poderá usufruir perante os tribunais internos dos Estados estrangeiros, igualmente partes da Convenção.[93] (SOARES, 1984, p. 27)

No tocante à imunidade relativa aos contratos de trabalho, a Convenção aprovada pela Assembleia Geral das Nações Unidas estabelece, no seu art. 11, § 1º:

Article 11

Contracts of employment

1. Unless otherwise agreed between the States concerned, a State cannot invoke immunity from jurisdiction before a court of another State which is otherwise competent in a proceeding which relates to a contract of employment between the State and an individual for work performed or to be performed, in whole or in part, in the territory of that other State.

Portanto, em regra, quanto às questões laborais, ressalvadas as estipulações em sentido contrário apresentados pelos Estados interessados, a imunidade jurisdicional não pode ser invocada. Dessarte, as controvérsias decorrentes de contratos individuais de trabalho, entre Estado estrangeiro e pessoa física nacional, em casos de trabalho executado ou a ser executado, total ou parcialmente, no território do país de nacionalidade do empregado, deverão ser apreciadas pelos tribunais desse último.

O § 2º estabelece algumas exceções à regra:

2. Paragraph 1 does not apply if:

(a) the employee has been recruited to perform functions closely related to the exercise of governmental authority; (...)[94]

Remanesce, assim, a prerrogativa da imunidade, em primeiro lugar, se o empregado tinha sido contratado para desempenhar funções estritamente relacionadas ao exercício do poder público. É o caso dos membros dos corpos diplomáticos e consulares, nos termos da alínea *b*:

(b) the employee is:

(i) a diplomatic agent, as defined in the Vienna Convention on Diplomatic Relations of 1961;

---

(93) SOARES, Guido Fernando Silva. *Op. cit.*, p. 27.
(94) *Vide* Anexo V.

(ii) a consular officer, as defined in the Vienna Convention on Consular Relations of 1963;

(iii) a member of the diplomatic staff of a permanent mission to an international organization or of a special mission, or is recruited to represent a State at an international conference; or

(iv) any other person enjoying diplomatic immunity.(...)"[95]

Em segundo lugar, igualmente possível a invocação do privilégio, se o objeto do processo for a contratação, renovação de contrato de trabalho ou substituição de um candidato: "(c) the subject of the proceeding is the recruitment, renewal of employment or reinstatement of an individual (...)"[96].

Subsiste a imunidade, em terceiro lugar, se o objeto da demanda trabalhista versar sobre a extinção do contrato de trabalho e houver implicações em questões de segurança do estado estrangeiro, como se infere na alínea *d*:

(d) the subject-matter of the proceeding is the dismissal or termination of employment of an individual and, as determined by the head of State, the head of Government or the Minister for Foreign Affairs of the employer State, such a proceeding would interfere with the security interests of that State; (...).[97]

Em quarto lugar, incide a imunidade de jurisdição estatal se o trabalhador é nacional do Estado empregador, no momento da propositura da ação;

(e) the employee is a national of the employer State at the time when the proceeding is instituted, unless this person has the permanent residence in the State of the forum; (...).[98]

Por fim, não se afasta a imunidade se o Estado empregador e o empregado estipularam de outra forma (isto é, reconhece-se a autonomia da vontade, seja para eleger a lei de regência, seja para eleger o foro contratual), num documento escrito, sob reserva de considerações de ordem pública que confiram aos tribunais do Estado do foro, jurisdição exclusiva em razão do objeto da ação:

(f) the employer State and the employee have otherwise agreed in writing, subject to any considerations of public policy conferring on the courts of the

---

(95) *Vide* Anexo V.
(96) *Vide* Anexo V.
(97) *Vide* Anexo V.
(98) *Vide* Anexo V.

State of the forum exclusive jurisdiction by reason of the subject-matter of the proceeding.[99]

Como se pode depreender, a Convenção acompanha, fundamentalmente, as mesmas opções doutrinárias que, ao logo do tempo, foram se firmando no sentido da relativização da imunidade jurisdicional dos Estados.

◆ **4.2. Direito comparado hodierno**

O tratamento atualmente conferido à imunidade de jurisdição tende, como visto, à relativização da imunidade jurisdicional dos entes de direito internacional público.

A seguir, passa-se em revista as posturas esposadas por alguns países escolhidos por amostragem e representativos dos diferentes sistemas jurídicos. Trata-se menos de levantamento exaustivo e mais de notícia acerca da maneira como atualmente os Estados contemporâneos têm disciplinado a questão, com enfoque especialmente na jurisprudência e eventual legislação.

Antes, contudo, interessante observar, como destaca Guido Soares (SOARES *apud* 2001, p. 32), que curiosamente são os países da *common law* que têm legislação sobre a matéria, enquanto os países de tradição romano-germânica delegam à jurisprudência o norteamento jurídico da questão[100].

◆◆ **4.2.1. Alemanha**

Em 1938, a Alemanha abandonou a teoria da imunidade absoluta. O marco jurisprudencial foi o caso "Visurgis e Sienna", registrado por Dolinger (1982), em que uma empresa alemã ajuizou ação contra embaixada estrangeira para cobrar débito relativo a consertos efetuados no edifício desta última. O *Bundesverfassungsgericht*, a Corte Constitucional alemã decidiu que o exercício da jurisdição alemã não se obstacularizaria pelo direito internacional, em se tratando de atividades *iure gestionis* de Estados estrangeiros[101].

---

(99) *Vide* Anexo V.
(100) *Apud* GARCIA, Márcio Pereira Pinto. Imunidade de jurisdição: evolução e tendências. In: *Série Cadernos do CEJ*, v. 19, Imunidade soberana: o Estado estrangeiro diante do juiz nacional. Conselho da Justiça Federal. Centro de Estudos Judiciários. Brasília: CJF, 2001. p. 32.
(101) DOLINGER, Jacob. *Op. cit.*, p. 14.

Sempre mencionada em estudos de direito comparado sobre o tema, a sentença do *Bundesverfassungsgericht* da República Federal da Alemanha, de 30 de abril de 1963[102], entre outros pontos relevantes, fez notar a jurisprudência dos diversos países que, então, passaram a adotar a tese da imunidade relativa de jurisdição (Bverfg 30 april 1963 — 2 BvM 1/62).

Atualmente, o direito positivo alemão concede a imunidade de jurisdição apenas no concernente às atividades governamentais, excluídas, desse modo, as relacionadas a atividades de direito privado, conforme se vê do seguinte ato normativo:

470. STAATENIMMUNITÄT

N. 88/1 [a] Die deutsche Gerichtsbarkeit ist gegeben, wenn ein ausländischer Staat selbst Klage erhebt und sich damit der deutschen Gerichtsbarkeit unterwirft.

[b] Ausländische Staaten genießen Immunität lediglich für hoheitliche Tätigkeit, nicht aber für privatrechtliche Tätigkeit.

[c] Der Erlaß eines Verwaltungsaktes, der vornehmlich auf arbeitsmarktpolitischen Erwägungen gründet, greift unzulässigerweise in die hoheitlichen Aufgaben eines ausländischen Staates ein, wenn er die internen Personalangelegenheiten eines seiner Konsulate betrifft.

[a] German jurisdiction to adjudicate extends to a foreign state which submits to this jurisdiction by filing suit in a German court.

[b] Foreign states enjoy sovereign immunity only with regard to governmental activities, not with regard to private law activities.

[c] An administrative decision, based primarily on considerations of labor policy, which concerns a matter of personnel management of a foreign state's consulate, amounts to an impermissible interference in a governmental activity of that state.[103]

Depreende-se, desse modo, que o sistema alemão assemelha-se ao de boa parte dos demais países europeus, ao acolher a tese segundo a qual os estados estrangeiros apenas gozam de imunidade jurisdicional em se tratando de atos de império (*hoheitliche Tätigkeit*), mas não assim em relação aos atos privados (*privatrechtliche Tätigkeit*).

---

(102) Curiosamente, assinala Cabanillas, o mesmo ano em que a legislação argentina inicia sua, embora lenta, mudança de perspectiva para a "tesis moderna". CABANILLAS, Renato Rabbi-Baldi. *Las inmunidades de jurisdicción y de ejecución en la actual jurisprudencia de la corte suprema de justicia de la Argentina*, p. 7. Disponível em: <http://www.cedi.org.br/Eventos/imunidade/palestraspdf/renato.pdf>.

(103) Disponível em: <http://www.mpiv-hd.mpg.de/de/r8693/r8693_57.cfm>.

Nesse sentido, menciona-se precedente, envolvendo a Embaixada Iraniana, em que se sublinha como critério determinante para estabelecer se o ato sujeita-se ou não à jurisdição nacional a natureza do ato estatal, bem como destaca que o critério é fixado pelo direito doméstico:

HEADNOTES:

1. A rule of public international law whereby domestic jurisdiction for actions against a foreign State in relation to its non-sovereign activity is ruled out is not an integral part of Federal law.

2. a) The criterion for distinguishing between sovereign and non-sovereign State activity is the nature of the State's action.

b) Classification as sovereign or non-sovereign State activity is in principle to be done according to national law.

Order of the Second Senate of 30 april 1963 — 2 BvM 1/62 — in the proceedings for consideration of the question whether a rule of public international law ruling out action against a foreign State before the courts of the Federal Republic of Germany in relation to its private-law activity in Germany is an integral part of Federal law — submission by Cologne Regional Court, 11th Civil Division, of 13 February 1962 (11 T 18/62).

(Case: BVerfGE 16, 27 2 BvM 1/62, Iranian Embassy, Date: 12 May 1987, Copyright: © Nomos Verlagsgesellschaft, Judges: Wagner, Dr. Schunck, Dr. Klaas, Dr. Leibholz, Dr. Rupp, Dr. Geiger, Dr. Federer, Dr. Kutscher).[104]

◆◆ 4.2.2. ARGENTINA

No *leading-case* argentino, "Manauta, Juan José y otros c/ Embajada de la Federación Rusa s/ daños y perjuicios", mais conhecido simplesmente como "Manauta", discutiam-se perdas e danos em demanda proposta por um grupo de empregados da "Oficina de Prensa da Embaixada da União de Repúblicas Socialistas Soviéticas", com base no descumprimento de obrigações em matéria de verbas provisionais, sindicais e *asignaciones familiares* (espécie de seguro de desemprego, atendimento às famílias) a cargo da demandada.

O caso foi julgado em Buenos Aires, no dia 22 de dezembro de 1994, pela Corte Suprema de Justiça argentina. A decisão ali proferida representou

---

(104) Disponível em: <http://www.ucl.ac.uk/laws/global_law/cases/german/bverfg/bverfg_30april1963.html>.

a adoção de novo paradigma, *la tesis moderna*, segundo a qual a imunidade jurisdicional deve ser relativizada.

Como razões de decidir, a corte argentina, tal como se deu na AC n. 9.696-3/SP julgado pelo E. Supremo Tribunal Federal, a mudança de norte na legislação e jurisprudência internacionais:

> (..) a la vista de la práctica actual divergente de los Estados, ya no es posible sostener que la inmunidad absoluta de jurisdicción constituya una norma de Derecho Internacional general, porque no se practica de modo uniforme ni hay convicción jurídica de su obligatoriedad. Prueba de ello son los textos legislativos modernos que se enrolan claramente en la teoría restrictiva, tales como la Convención Europea sobre Inmunidad de los Estados (1972), la Foreign Sovereign Immunities Act de los Estados Unidos (1976), la State Immunity Act de Gran Bretaña (1978), entre muchos otros. Asimismo, el proyecto sobre inmunidad de jurisdicción elaborado por la Comisión de Derecho Internacional de las Naciones Unidas sigue la teoría restrictiva.[105]

Também aludiu à distinção entre atos de gestão e de império, "actos de gobierno":

> (...) por no encontrarse en tela de juicio un acto de gobierno, ya que la controversia traída a conocimiento de este Tribunal se refiere al cumplimiento de obligaciones laborales y previsionales, que en modo alguno puede afectar el normal desenvolvimiento de una representación diplomática.[106]

Renato Rabbi-Baldi Cabanillas, Secretario Letrado da "Corte Suprema de Justicia" da Argentina, informa que, com o advento da lei de "Inmunidad de Jurisdicción", a Lei 24.488[107], consagrou-se a tese moderna sobre a matéria, alinhada com a doutrina consagrada pela Corte Suprema argentina no caso "Manauta"[108].

A norma, sancionada em 31 de maio de 1985 e promulgada em 22 de junho de 1995, como já expressou o Alto Tribunal argentino em diversos precedentes, é de aplicação imediata, "aún cuando haya sido sancionada con posterioridad a la interposición de la demanda, por tratarse de una norma sobre habilitación de instancia, que reviste carácter jurisdiccional"[109].

---

(105) Disponível em: <http://www.geocities.com/enriquearamburu/ETE/manau.html>.
(106) Disponível em: <http://www.geocities.com/enriquearamburu/ETE/manau.html>.
(107) *Vide* Anexo VI.
(108) CABANILLAS, Renato Rabbi-Baldi. *Las inmunidades de jurisdicción y de ejecución en la actual jurisprudencia de la corte suprema de justicia de la Argentina*. Disponível em: <http://www.cedi.org.br/Eventos/imunidade/palestraspdf/renato.pdf>.
(109) Fallos: 321:2434, entre otros.

O art. 1º do aludido diploma legal estabelece como princípio geral a imunidade de jurisdição dos estados estrangeiros, nos seguintes termos: *Art. 1º Los Estados extranjeros son inmunes a la jurisdicción de los tribunales argentinos, en los términos y condiciones establecidos en esta ley*[110].

Já no art. 2º estão previstas as hipóteses em que se excepciona a regra geral do artigo anterior:

Art. 2º Los Estados extranjeros no podrán invocar inmunidad de jurisdicción en los siguientes casos:

a) Cuando consientan expresamente a través de un tratado internacional de un contrato escrito o de una declaración en un caso determinado, que los tribunales argentinos ejerzan jurisdicción sobre ellos;

b) Cuando fuera objeto de una reconvención directamente ligada a la demanda principal que el Estado hubiere iniciado;

c) Cuando la demanda versare sobre una actividad comercial o industrial llevada a cabo por el Estado extranjero y la jurisdicción de los tribunales argentinos surgiere del contrato invocado o del Derecho Internacional;

d) **Cuando fueren demandados por cuestiones laborales, por nacionales argentinos o residentes en el país, derivadas de contratos celebrados en la República Argentina o en el exterior y que causaren efectos en el territorio nacional;**

e) Cuando fueren demandados por daños y perjuicios derivados de delitos o cuasidelitos cometidos en el territorio;

f) Cuando se tratare de acciones sobre bienes inmuebles que se encuentren en territorio nacional;

g) Cuando se tratare de acciones basadas en la calidad del Estado extranjero como heredero o legatario de bienes que se encuentren en el territorio nacional;

h) Cuando, habiendo acordado por escrito someter a arbitraje todo litigio relacionado con una transacción mercantil, pretendiere invocar la inmunidad de jurisdicción de los tribunales argentinos en un procedimiento relativo a la validez o la interpretación del convenio arbitral o referida a la anulación del laudo, a menos que el convenio arbitral disponga lo contrario.[111]

No tocante às causas trabalhistas, a alínea *d* do mencionado art. 2º, como se vê, estipula que a imunidade não pode ser invocada pelos estados

---

(110) *Vide* Anexo VI.
(111) *Vide* Anexo VI.

estrangeiros quando forem demandados em questões laborais, por nacionais estrangeiros ou residentes no país, decorrentes de contratos celebrados na Argentina ou no exterior e que produzirem efeitos no território nacional.

Com base no critério estabelecido pela lei, segundo registra Cabanillas (2002), a Corte julgou três casos, nos quais se reiteram os critérios já assentados no caso "Manauta": "Saravia, Gregorio c/Agencia de Cooperación Internacional de Japón", sentença de 1º de setiembre de 1998; "Vallarino, Edelmiro O. c/Embajada del Japón s/despido", sentença de 4 de maio de 2000; e "Blasson, Beatriz L. C. c/Embajada de la República Eslovaca", sentença de 6 de outubro de 1999[112].

Sobreleva notar, por fim, que a Lei n. 24.488, em seu art. 3º, em iniciativa digna de encômios, disciplina as hipóteses em que se indica violação a direitos humanos:

> Art. 3º Si se presentaren demandas ante los tribunales argentinos contra un Estado extranjero invocando una violación al Derecho Internacional de los derechos humanos, el tribunal interviniente se limitará a indicar al actor el órgano de protección internacional en el ámbito regional o universal ante el que podrá formular su reclamo, si correspondiere. Asimismo, remitirá copia de la demanda al Ministerio de Relaciones Exteriores, Comercio Internacional y Culto, a fin de que tome conocimiento del reclamo y adopte las medidas que correspondan en el orden internacional.[113]

◆◆ 4.2.3. Áustria

A partir da década de 1950, com a decisão da Corte Suprema austríaca no caso "Dralle v. Republic of Czecholsovakia", os tribunais da Áustria passaram a adotar a teoria da imunidade relativa de jurisdição, distinguindo atos privados e *iure imperii*[114]. (DOLINGER, 1982, p. 15)

O prof. Antonio Augusto Cançado Trindade (1986), em Parecer exarado enquanto Consultor Jurídico do Ministério das Relações Exteriores, com apoio em consulta dirigida às Embaixadas Brasileiras em diversos países, acerca do tratamento conferido à imunidade estatal em ações trabalhistas, menciona alguns dados de significativa importância a respeito de como

---

(112) CABANILLAS, Renato Rabbi-Baldi. *Op. cit.*, p. 4.
(113) *Vide* Anexo VI.
(114) DOLINGER, Jacob. *Op. cit.*, p. 15.

países como a Áustria, a Espanha, a França e a Itália têm rejeitado a invocação de imunidade de jurisdição por Estados estrangeiros no tocante a questões laborais.

Vale reproduzir, no particular, a resposta dada pela Embaixada Brasileira em Viena (telegrama 383, de 22.10.1985 — Ministério das Relações Exteriores) e que consta do aludido Parecer:

É das mais elucidativas a posição da Áustria, país que sediou a Conferência de que resultou a Convenção de 1961:

> A prática austríaca é a de submeter à jurisdição local as reclamações trabalhistas (...), sem que se possa fazer valer qualquer tipo de imunidade. Alega o Ministério dos Negócios Estrangeiros que esta é a prática predominante nos países da Europa continental, Estados Unidos da América e Reino Unido.[115]
> (*Apud* CALSING, 2000)

◆◆ 4.2.4. Bélgica

Um dos precedentes jurisprudenciais mais importantes para a consolidação da teoria da imunidade relativa foi a decisão da Suprema Corte Belga proferida em 1903 no caso *Société anonyme des Chemins de Fer Liégeois-Luxembourgeois v. État néerlandais*, na qual o Estado holandês teve rejeitada a imunidade de jurisdição em demanda em que se discutia contrato de empreitada para edificação de estação ferroviária, transação considerada ato privado de cunho comercial pela corte máxima da Bélgica.

Em 8 de junho de 1984, a Bélgica incorporou ao seu ordenamento jurídico a Convenção Europeia de 1972, que, em seu art. 5º, afasta, conforme visto, a imunidade de jurisdição em relação às demandas nas quais se postulem direitos decorrentes de contrato de emprego.

A seguir, transcrevem-se dois julgados de cortes belgas, citados por François Knoepfler (2000), que espelham a tese da inviabilidade de invocação da imunidade jurisdicional em atos privados:

Cour civile de Bruxelles, 27 février 1995, Irak c/ Dumez

> Elle estime que la Convention de Vienne n'interdit pas à l'État d'accueil de vérifier que l'État étranger n'était pas seul maître et cela en particulier lorsque l'État étranger s'est comporté comme un particulier, intervenant dans un

---

(115) *Apud* CALSING, Maria de Assis. *Imunidade de jurisdição de estado estrangeiro em matéria trabalhista*. Disponível em: <http://www.amatra10.com.br/trabalhos/rogatori.html>.

contrat de droit privé, manifestant spécifiquement son intention de renoncer à ses prérogatives.[116]

Cour d'appel de Bruxelles, 15 février 2000, Leica AG c/ Central Bank of Irak et Etat irakien

La Cour estime que "l'utilité des sommes pour la fonction de la mission relève, en principe et avec une large marge d'appréciation, du jugement de l'État d'envoi et de la mission elle-même". La Cour a estimé qu'en l'occurrence, des comptes ouverts au nom de l'Ambassade d'Irak étaient "nécessaires ou tout au moins utiles à l'exercice des fonctions de cette ambassade" et ajoute que Leica "n'a pas fait la preuve que les sommes saisies ne sont pas nécessaires ou utiles à l'exercice des fonctions de la mission", "l'immunité d'exécution peut seulement être écartée, s'il apparaît non seulement que les sommes déposées sur les comptes de la Générale de Banque ne pourraient pas être utiles à l'exercice des fonctions de la mission, mais aussi que ces sommes, qui font partie du patrimoine de l'État irakien, n'appartiennent pas au domaine public de l'Irak, mais sont affectées à des fins privées".[117]

◆◆ 4.2.5. Canadá

O Canadá tem como regra a imunidade de jurisdição para os Estados estrangeiros. É o que dispõe o inciso I do art. 3º do "State Immunity Act"[118], de 1980, inspirado na Convenção Europeia de 1972: "3. (1) Except as provided by this Act, a foreign state is immune from the jurisdiction of any court in Canada"[119].

Constitui exceção, dentre as hipóteses contempladas pelo Ato Legislativo canadense para a elisão da imunidade jurisdicional, a prática de atividade comercial, conforme prevê o art. 5º do diploma legal: "5. A foreign state is not immune from the jurisdiction of a court in any proceedings that relate to any commercial activity of the foreign state"[120].

Atividade comercial, por sua vez, é definida no art. 2º, como qualquer transação particular, ato ou conduta que, pela sua natureza, ostente caráter comercial:

---

(116) KNOEPFLER, François. *Immunite d'execution*. Disponível em: www.unine.ch/droit/support20PDF/Immunite_d'execution.ppt>.
(117) *Idem*.
(118) *Vide* Anexo IV. O Canadá também conta com um ato legislativo destinado especificamente às organizações internacionais, o *Foreign Missions and International Organizations Act* (*Vide* Anexo IX).
(119) *Vide* Anexo IV.
(120) *Vide* Anexo IV.

2. In this Act,

(...)

"commercial activity" means any particular transaction, act or conduct or any regular course of conduct that by reason of its nature is of a commercial character.[121]

Malgrado o teor tautológico da definição, o dispositivo tem o mérito de vincular à natureza da atividade e não às suas finalidades a caracterização do caráter comercial do ato, para efeito de relativização da imunidade.

A jurisprudência canadense inclina-se no sentido de que as relações de trabalho se enquadram nas atividades ditas comerciais, para efeito de rejeição do privilégio da imunidade jurisdicional. Em demanda envolvendo trabalhadores canadenses que laboravam em base americana no Canadá, em que figuraram como partes os Estados Unidos, a Aliança da Função Pública do Canadá, o Procurador-Geral do Canadá e o Conselho Canadense de Relações do Trabalho, apreciada pela Corte Federal de Recursos, colocou-se em discussão a matéria, conforme se vê da seguinte ementa:

> Droit international — Immunité de juridiction — Accréditation demandée par du personnel de soutien canadien travaillant dans une base américaine au Canada — Les États-Unis réclament l'immunité de juridiction — S'agit-il d'une activité commerciale ou de l'activité d'un État souverain? — Loi sur l'immunité des États, S. C. 1980-81-82-83, ch. 95, art. 3(1), (2), 4(1), (2)a), 5.
>
> Relations du travail — Accréditation demandée par du personnel de soutien canadien travaillant dans une base américaine au Canada — Les États-Unis réclament l'immunité de juridiction — S'agit-il d'une activité commerciale ou de l'activité d'un État souverain? (Les États-Unis d'Amérique Appelant c. l'Alliance de la fonction publique du Canada, le procureur général du Canada et le Conseil canadien des relations du travail l'Alliance de la fonction publique du Canada, le procureur général du Canada et le Conseil canadien des relations du travail Intimés Répertorié: Re Code canadien du travail No du greffe: 21641. 1991: 11 décembre; 1992: 21 mai. Présents: Les juges La Forest, L'Heureux-Dubé, Sopinka, Gonthier et Cory. En Appel de La Cour D'appel Fédérale).[122]

Como conclusão, a Cour D'Appel Fédérale teceu as considerações que se seguem acerca da possibilidade de invocação da imunidade jurisdicional em matéria trabalhista:

> La réclamation par le gouvernement américain de l'immunité de juridiction relativement aux poursuites devant un tribunal canadien doit être rejetée.

---

(121) *Vide* Anexo IV.
(122) Disponível em: <http://www.canlii.org/ca/jug/csc/1992/1992csc50.html> Acesso em: 22.9.2003.

> L'embauchage d'employés de soutien constitue une activité qu'un particulier pourrait exercer. Il s'agit d'une activité de nature commerciale. Une fois établi que l'État étranger ne jouit pas de l'immunité prévue par la loi canadienne, il ne devrait pas bénéficier d'une dispense spéciale de l'application des lois canadiennes. Un travailleur canadien, qui travaille en sol canadien, ne devrait pas être privé des avantages des lois canadiennes sauf si l'État étranger agit dans un contexte qui justifie l'immunité. Cela est d'autant plus vrai lorsqu'il appert que des Américains travaillant aux États-Unis pour le compte d'un gouvernement étranger auraient droit, dans les mêmes circonstances, au bénéfice de la loi américaine.[123]

Como se pode visualizar do excerto transcrito, o entendimento da Corte canadense, portanto, é o de que empregado canadense que trabalhe no Canadá deve ter sua relação de emprego regulada pelas leis canadenses, a serem aplicadas pelos órgãos jurisdicionais canadenses. Fica afastada, nesse contexto, a imunidade de jurisdição em matéria trabalhista.

◆◆ 4.2.6. CHINA

Segundo informa Pinho Pedreira Silva (1998), apenas os países de regime socialista ainda permanecem fiéis à doutrina da imunidade absoluta. Seria o caso da China[124], país cujo sistema jurídico deriva originalmente da tradição romano-germânica do direito continental europeu, mas que, atualmente, pertence ao grupo socialista. (SILVA, 1998)

A Lei de Processo Civil da República Popular da China[125], em sua Parte IV, Capítulos XXIV a XXIX e arts. 237 a 270, disciplina o procedimento a ser adotado em ação envolvendo estrangeiros.

O art. 239 prevê que ações civis contra estrangeiros, organizações de outras nacionalidades ou organizações internacionais, que fazem jus a privilégios diplomáticos ou imunidades, devem ser submetidas à Corte Popular de acordo com as leis da República Popular da China e tratados internacionais nos quais figura como signatária:

> **Article 239.** Civil actions against foreign nationals, foreign organizations or international organizations enjoying diplomatic privileges or immunity shall

---

(123) Disponível em: <http://www.canlii.org/ca/jug/csc/1992/1992csc50.html> Acesso em: 22.9.2003.
(124) SILVA, Luiz de Pinho Pedreira. A concepção relativista das imunidades de jurisdição e execução do Estado estrangeiro. In: *Revista de Informação Legislativa*, Brasília a. 35, n. 140, p. 228, out./dez. 1998.
(125) *Law of civil procedure of the people's republic of China*. (Adopted by the fourth session of the seventh National People's Congress on 9th April 1991) Disponível em: <http://www.qis.net/chinalaw/lawtran1.htm>.

be handled by the people's court according to the laws of the PRC and the provisions of international treaties which China has concluded or to which China is party.[126]

Depreende-se, portanto, que a lei chinesa remete ao quanto estabelecido nos instrumentos convencionais firmados pela China a disciplina da imunidade de jurisdição, o que torna, em tese, insubsistente a afirmação de Pinho Pedreira Silva (1998) de que o país seria um dos únicos a resistirem à tese da imunidade relativa. Isto porque, virtualmente, existindo cláusula em tratado internacional prevendo a imunidade apenas para atos de império, a postura do judiciário chinês seria a de fazer incidir a jurisdição nacional em caso de prática de ato de gestão, razão pela qual resultaria relativizada a imunidade, em semelhante circunstância.

Mais acertado parece ser, portanto, asseverar apenas que o Estado chinês respeita as disposições contidas nos textos normativos internacionais integrados a seu ordenamento jurídico.

◆◆ 4.2.7. Espanha

O art. 36 da Lei Espanhola n. 1[(127)], de 7 de janeiro de 2000 — a *Ley Enjuiciamiento Civil* (LEC), como o Código de Processo Civil da Espanha —, no título *Extensión y límites del orden jurisdiccional civil. Falta de competencia internacional*, encontra-se vazado nos seguintes termos:

Art. 36

1. La extensión y límites de la jurisdicción de los tribunales civiles españoles se determinará por lo dispuesto en la Ley Orgánica del Poder Judicial y en los tratados y convenios internacionales en los que España sea parte.

2. Los tribunales civiles españoles se abstendrán de conocer de los asuntos que se les sometan cuando concurra en ellos alguna de las siguientes circunstancias:

1ª Cuando se haya formulado demanda o solicitado ejecución respecto de sujetos o bienes que gocen de inmunidad de jurisdicción o de ejecución conforme a las normas de Derecho Internacional Público.

2ª Cuando, en virtud de un tratado o convenio internacional en el que España sea parte, el asunto se encuentre atribuido con carácter exclusivo a la jurisdicción de otro Estado.

---

(126) Disponível em: <http://www.qis.net/chinalaw/lawtran1.htm>.
(127) Disponível em: <http://noticias.juridicas.com/base_datos/Privado/l1-2000.html>.

3ª Cuando no comparezca el demandado emplazado en debida forma, en los casos en los que la competencia internacional de los tribunales españoles únicamente pudiera fundarse en la sumisión tácita de las partes.

A disposição se coaduna, no concernente à imunidade de jurisdição e de execução em matéria civil, com o estatuído no art. 21 da *Ley Orgánica del Poder Judicial (LOPJ)*, de n. 6[(128)], de 1º de julho de 1985, que dispõe o seguinte:

Art. 21

1. Los Juzgados y Tribunales españoles conocerán de los juicios que se susciten en territorio español entre españoles, entre extranjeros y entre españoles y extranjeros con arreglo a lo establecido en la presente Ley y en los Tratados y Convenios internacionales en los que España sea parte.

2. Se exceptúan los supuestos de inmunidad de jurisdicción y de ejecución establecidos por las normas del Derecho Internacional Público.

Portanto, infere-se, como ensina o professor titular de *Derecho Internacional Público y de Relaciones Internacionales*, da Universidade de Valencia, Valentín Bou Franch (2000) que, no tocante à imunidade de jurisdição e de execução em matéria civil, o art. 36.2.1, da LEC segue o modelo tradicional espanhol de regulamentação das imunidades de jurisdição e de execução, representado pelo art. 21.2 da LOPJ, consistente em remeter em bloco ao estabelecido pelas normas de Direito Internacional Público, sem precisar nem o conteúdo nem o alcance de tais imunidades, nem tampouco as normas concretas de DIP às quais se remete[(129)].

Em matéria trabalhista, o art. 25 da LOPJ é claro ao fixar a "competência" dos *juzgados* (órgãos jurisdicionais compostos por juízes singulares) e *tribunales* (órgãos colegiados) espanhóis:

Art. 25. En el orden social, los Juzgados y Tribunales españoles serán competentes:

1º En materia de derechos y obligaciones derivados de contrato de trabajo, cuando los servicios se hayan prestado en España o el contrato se haya celebrado en territorio español; cuando el demandado tenga su domicilio en territorio español o una agencia, sucursal, delegación o cualquier otra representación en España; cuando el trabajador y el empresario tengan nacionalidad española, cualquiera que sea el lugar de prestación de los servicios o de

---

(128) Disponível em: <http://bdd.unizar.es/pag5/pag2/LOPJ/INDICE.HTM>.
(129) FRANCH, Valentín Bou. *Las inmunidades internacionales y el art. 36 de la Ley n. 1, de 7.1.2000, de enjuiciamiento civil*, p. 2. Disponível em: <http://www.uv.es/~dret/nuevo/revistafac/pdf/vbou.PDF>.

celebración del contrato; y además, en el caso de contrato de embarque, si el contrato fuere precedido de oferta recibida en España por trabajador español.

2º En materia de control de legalidad de los convenios colectivos de trabajo celebrados en España y de pretensiones derivadas de conflictos colectivos de trabajo promovidos en territorio español.

3º En materia de pretensiones de Seguridad Social frente a entidades españolas o que tengan domicilio, agencia, delegación o cualquier otra representación en España.[130]

Quanto à jurisprudência, relata Franch (2000) que, o Tribunal Constitucional (TC) espanhol, nas "Sentencias" TC 107/1992, 292/1994 e 140/1995, reconheceu a compatibilidade entre as prerrogativas da imunidade de jurisdição e de execução com o direito à prestação jurisdicional contemplado no art. 24.1 da atual Constituição Espanhola. Uma vez reconhecidas pelo TC tanto a existência como a compatibilidade constitucional das imunidades internacionais do Estado estrangeiro, o TC, segundo o Professor espanhol, procedeu à determinação de seu conteúdo e alcance, realizando interpretação direta das normas de DIP que regem a questão[131].

No que concerne à imunidade de jurisdição em matéria civil, descreve o aludido autor:

> (...) el TC distinguió claramente entre la inmunidad de jurisdicción del Estado extranjero y otro tipo de inmunidades de Derecho Internacional (en especial, aunque no exclusivamente, las inmunidades diplomáticas y consulares). Respecto de la inmunidad del Estado extranjero, el TC concluyó afirmando que en el Derecho Internacional contemporáneo ya se ha abandonado la norma tradicional que afirmaba su inmunidad absoluta de jurisdicción (*par in parem imperium non habet*) y se ha evolucionado hasta afirmar la existencia de una norma internacional general o consuetudinaria que mantiene su inmunidad de jurisdicción pero con alcance relativo. Es decir, que aunque los Jueces y Tribunales españoles no puedan ejercer su jurisdicción respecto de aquellos actos del Estado extranjero que hayan sido realizados en virtud de imperio (*actos iure imperii*), sí la pueden ejercer respecto de aquellos actos en los que el Estado extranjero haya intervenido con sujeción a las reglas ordinarias del tráfico privado (*actos iure gestionis*). Junto a ello, existen otro tipo de inmunidades en Derecho Internacional (las inmunidades diplomáticas y consulares, las de las fuerzas armadas en el extranjero, las de los buques de Estado e, incluso, las inmunidades de las Organizaciones Internacionales y de sus funcionarios) que se caracterizan por la existencia de una lex certa, es decir, por la existencia de una norma convencional que regula su alcance y

---

(130) Disponível em: <http://bdd.unizar.es/pag5/pag2/LOPJ/INDICE.HTM>.
(131) FRANCH, Valentín Bou. *Op. cit.*, p. 37.

contenido con un alcance absoluto o cuasiabsoluto en cada caso concreto. El TC afirmó que el art. 21 de la LOPJ (y por analogía, también el art. 36 de la LEC) se refieren a ambos tipos de normas internacionales, siendo ambas compatibles con el derecho constitucional a la tutela judicial efectiva garantizada por el art. 24.1 CE.[132] (FRANCH, 2000, p. 37/38)

Relativamente à imunidade de execução, adverte Franch (2000, p. 38):

> (...) debe tenerse en cuenta que la misma no se plantea hasta después de haberse decidido la cuestión de la inmunidad de jurisdicción en sentido negativo, y hasta que no existe un fallo en favor del demandante. El TC ha afirmado con reiteración que en esta materia rigen dos postulados básicos: que el régimen de la inmunidad de ejecución, absoluta o relativa, de los Estados extranjeros no es contrario en principio al derecho a la tutela judicial efectiva consagrado en el art. 24.1 CE; y que una indebida extensión o ampliación de la misma por los Tribunales ordinarios puede llegar a suponer una violación del derecho a la tutela judicial efectiva del demandante. En consecuencia, para proceder a determinar su alcance y contenido, los arts. 21 de la LOPJ y 36 de la LEC determinan que corresponda a los Tribunales de justicia ordinarios en España realizar en cada caso concreto "una inducción basada en datos diversos, las convenciones internacionales de carácter universal o regional y las prácticas internas de los Estados, tanto en el plano legislativo, como en el judicial y administrativo; tarea que al tiempo debe tener en cuenta el proceso evolutivo que en esta materia es apreciable en la realidad internacional.[133]

Ao realizar essa tarefa, o Tribunal Constitucional concluiu afirmando que no Direito Internacional Público, e, de certo modo, também no Direito espanhol, em virtude das remissões contidas nos arts. 21 da LOPJ e 36 da LEC, nota-se uma tendência à relativização até mesmo da imunidade de execução[134].

Assim, de forma semelhante ao que se verificou na jurisprudência de vários países, inclusive do Brasil, conforme se verá, o TC espanhol sustentou, em primeiro lugar, que os tribunais espanhóis não podem adotar medidas de constrição (ou cautelares) sobre bens de Estado estrangeiro no território espanhol que se destinem ao desempenho de suas atividades soberanas ou de império (*atos iure imperii*). Em segundo lugar, e com a ressalva de eventual consentimento expresso do Estado estrangeiro demandado, apenas caberia executar seus bens destinados ao desenvolvimento de ativi-

---

(132) FRANCH, Valentín Bou. *Op. cit.*, p. 37/38.
(133) *Ibidem*, p. 38.
(134) *Idem*.

dades econômicas nas quais não esteja empenhada sua potestade soberana, por atuar conforme o Direito privado (atos *iure gestionis*)⁽¹³⁵⁾.

Quanto ao segundo ponto, no que respeita aos bens absolutamente imunes à jurisdição espanhola, assinala Franch (2000, p. 39):

> (...) el TC ha señalado que existen una serie de bienes que son de titularidad del Estado extranjero que son absolutamente inmunes a la ejecución. Dentro de esta clase de bienes especialmente protegidos del Estado extranjero, el TC sólo se ha referido hasta la fecha a los bienes, incluidas las cuentas corrientes bancarias, de las misiones diplomáticas y consulares. En realidad, el listado de las clases especiales de bienes de Estado que gozan de absoluta inmunidad de ejecución es mucho más amplia, como demuestra el art. 19 del Proyecto de artículos sobre inmunidad jurisdiccional del Estado y de sus bienes, aprobado en segunda lectura por la CDI en 1991. El hecho de que el TC sólo haya identificado algunos de estos bienes podría explicarse teniendo en cuenta que eran los únicos bienes del Estado extranjero controvertidos en los casos que se le han planteado hasta el momento.⁽¹³⁶⁾

Segundo o TC, os juízes e Tribunais deveriam, de modo casuísta e com base na distinção entre atos de império e de gestão, aferir a imunidade de execução quanto aos bens do Estado estrangeiro:

> (...) corresponde a los Jueces y Tribunales ordinarios en España determinar en cada caso concreto si se trata de ejecutar bienes destinados a actividades *iure imperii* o a actividades *iure gestionis*, apreciando en consecuencia si se debe estimar o no la inmunidad de ejecución en cada supuesto que se les plantee. Si se trata de la segunda posibilidad, serán los Jueces y Tribunales ordinarios quienes a su vez, salvaguardando las clases especiales de bienes del Estado extranjero que gocen de una absoluta inmunidad de ejecución, deberán dirigir la ejecución hacia los demás bienes de titularidad estatal, "sin que sea necesario que los bienes objeto de la ejecución estén destinados a la misma actividad iure gestionis que provocó el litigio". Requisito este último que está en aparente contradicción con lo que dispone el Derecho Internacional Público, y que significa, en definitiva, que el TC español ha adoptado en esta materia un criterio interpretativo mucho más amplio y benévolo de lo que permiten las propias normas internacionales.⁽¹³⁷⁾ (FRANCH, 2000, p. 39)

Por fim, em nota crítica ao legislador espanhol, o multicitado doutrinador aponta lacuna na LEC, que deixou de disciplinar de forma mais

---

(135) FRANCH, Valentín Bou. *Op. cit.*, p. 39/39.
(136) *Ibidem*, p. 39.
(137) *Idem*.

exaustiva e codificada as imunidades de jurisdição e de execução. Considera uma "lástima de oportunidade perdida"[138].

◆◆ 4.2.8. ESTADOS UNIDOS

Consoante indica Michael Tessitore (1999), a história da imunidade jurisdicional nos Estados Unidos recua ao século XIX, ao caso "*Schooner Exchange v. M'Faddon*, 7 Cranch 116, 3 L. Ed. 287" (1812), precedente responsável por consagrar a tese da imunidade absoluta dos Estados estrangeiros[139].

Guido Soares (2002) salienta que as Cortes americanas já na segunda década do século XX recorriam à distinção entre *acta jure imperii* e *acta jure gestionis*. Aplicada por uma Corte federal de Nova York em 1922, foi, entretanto, rejeitada pela *Supreme Court* em 1926, no Caso *Berizzi Brothers c. The S. S. Pesaro*. Apenas com a célebre *Tate Letter* de 1952 (Parecer do Departamento de Estado), registra o internacionalista que os tribunais federais começaram a aplicar a citada distinção, conforme o precedente em *Republic of Mexico et al. c. Hoffman*, julgado por aquele Corte, em 1945[140].

A recorrência na litigiosidade entre entes de DIP, especialmente Estados estrangeiros, levada aos tribunais americanos, certamente inspirou o legislador estadunidense a criar a primeira norma jurídica escrita (*statute law*) de direito doméstico disciplinando a questão das imunidades de Estado estrangeiro perante tribunais judiciários locais. Cuida-se da lei federal (*federal statute*), "Foreign Sovereign Immunities Act of 1976"[141], conhecido pela sua sigla: "FSIA".

Na seção 1602 do texto legal, que positivou a tese da imunidade limitada, assenta-se como justificativa a circunstância de o direito internacional recusar a concessão da prerrogativa aos Estados na prática de atos de natureza privada (*commercial acts*).

A seção 1603, que versa sobre as definições das categorias empregadas no ato normativo, traz como conceitos importantes os de "estado estrangeiro" (*foreign state*), incluindo aí eventuais subdivisões políticas (estados--membros, províncias, cantões, etc.) e agências ou "instrumentalidades"

---

(138) FRANCH, Valentín Bou. *Op. cit.*, p. 39.
(139) TESSITORE, Michael A. *Immunity and the foreign sovereign*. Disponível em: <http://library.lp.findlaw.com/internationallaw_1_242_1.html> Acesso em: 21.5.2003.
(140) SOARES, Guido Fernando Silva. *Origens e justificativas da imunidade de jurisdição*. Disponível em: <http://www.cedi.org.br/Eventos/imunidade/palestrashtm/guido.htm, p. 22/23> Acesso em: 21.5.2003.
(141) *Vide* Anexo II.

(*agency or instrumentlity*), e de atividade comercial, no qual a natureza e não a finalidade do ato determina o seu caráter.

Em seguida, na seção 1605, são eliciadas as exceções gerais à imunidade jurisdicional dos estados estrangeiros, entre os quais são dignas de nota as hipóteses em que: 1) há renúncia (*waiver*), expressa ou tácita, à prerrogativa; 2) trata-se de atividade comercial tal como definida na seção 1603; 3) direitos de propriedade adquiridos em ofensa ao direito internacional. A esse propósito, Tessitore (1999) destaca três diferentes níveis nos quais a jurisdição pode incidir tratando-se dessa segunda hipótese (*commercial activity*):

> Consistent with the "restrictive theory" of immunity codified in the FSIA, the primary exception to immunity under the act stems from the foreign state's commercial activities. Under the commercial activity exception, a foreign state is not immune if the plaintiff's action is "based upon" 1) a commercial activity carried on in the US by the foreign state; 2) an act performed in the US in connection with a commercial activity of the foreign state outside the US; or 3) an act outside the US that was taken in connection with a commercial activity of the foreign state outside of the US and that caused a direct effect in the US Thus, the exception actually comprises three distinct clauses that provide independent grounds for exercising jurisdiction over the foreign state.[142]

Prossegue Tessitore (1999), salientando que o ponto crucial na análise da atividade comercial é saber se a atividade em questão não ostenta caráter público, tomando-se como referência não propriamente o propósito a que se visa, mas a sua natureza intrínseca, à semelhança do que sucede no Canadá:

> The threshold question when analyzing the commercial activity exception is whether the activity of foreign state was commercial rather than public. The act's definition of commercial activity reveals little about on the meaning of the phrase. However, it does dictate that it is the nature of an activity that determines its commercial character, not the purpose underlying it. Thus, the fact that the foreign state engaged in an act for a public purpose does not render the act public. The proper focus is whether the particular actions that the foreign state performs, whatever the motive behind them, are the type of action by which a private party engages in trade or commerce.[143]

---

(142) TESSITORE, Michael A. *Immunity and the foreign sovereign*. Disponível em: <http://library.lp.findlaw.com/internationallaw_1_242_1.html> Acesso em: 21.5.2003.
(143) *Idem.*

Nessa perspectiva, indica decisão da Suprema Corte americana que endossa tal entendimento:

> According to the US Supreme Court, whenever "a foreign government acts, not as a regulator of a market, but in the manner of a private player within it, the foreign sovereign's actions" qualify as commercial under the FSIA.[144]

A segunda questão que se coloca é o enquadramento do ato em alguma das cláusulas aludidas:

> If the activity is found to be commercial, the next question becomes whether the act fits within one of the three clauses set forth above. The focus of all three of these clauses is the nexus between the foreign state's commercial activity and the US The case law interpreting and applying these clauses is extensive, with the courts routinely engaging in fact intensive analyses of whether the foreign state's commercial conduct had a sufficient nexus with the US to fall within the exception. A recurring theme in these analyses is the requirement that plaintiff's cause of action arise directly from the foreign state's commercial activity in the US or the act outside of the US that causes a direct effect in the US.[145]

Os Estados Unidos, segundo noticia Cançado Trindade (TRINDADE *apud* CALSING, 2000), tem admitido até mesmo a execução de sentença condenatória contra Estado estrangeiro[146]. O FSIA fornece o fundamento legal para a execução, uma vez que, se, de um lado, a seção 1609 estabelece a imunidade de execução e a impenhorabilidade dos bens de estado estrangeiro como regra, de outro lado, a seção subsequente estabelece como exceções essencialmente as mesmas situações que excepcionam a imunidade de jurisdição, quais sejam, dentre outras: 1) bens destinados a atividades comerciais; 2) a apresentação de renúncia, implícita ou explícita, à imunidade; e 3) a existência de julgamento declarando que a propriedade foi obtida em malferimento do direito internacional.

Interessante, por fim, mencionar, sobretudo após os acontecimentos de 11 de setembro, decisão de Corte Federal americana sobre a questão da imunidade jurisdicional relativamente a atos terroristas, em que se responsabiliza Estado estrangeiro por danos causados pelo apoio ao terrorismo:

---

(144) TESSITORE, Michael A. *Op. cit.*
(145) TESSITORE, Michael A. *Op. cit.*
(146) *Apud* CALSING, Maria de Assis. *Imunidade de jurisdição de estado estrangeiro em matéria trabalhista.* Disponível em: <http://www.amatra10.com.br/trabalhos/rogatori.html> Acesso em: 21.5.2003.

Foreign Governments Liable for Damages to Persons Caused by Support for Terrorists.

Description

Federal district court awarded over $50 million in compensatory damages and $ 300 million punitive damages to an American kidnaped in Lebanon, who was held and tortured for almost seven years by Hizbollah, a terrorist organization supported by the government of Iran. Sovereign immunity does not apply in such instance.

CASE SUMMARY

Facts

Sutherland was teaching at a university in Lebanon in 1985 when he was kidnapped at gunpoint by members of the terrorist group Hizbollah. He spent the next six and one-half years in detention in various secret prisons in Lebanon, during which time he was tortured. After his release, he, his wife, and his children sued the Islamic Republic of Iran and its Ministry of Information and Security as the principals responsible for the multiple tortious injuries to Sutherland and his family because Iran financially backed and directed Hizbollah. Evidence was presented that Iran spends about $ 100 million per year or more supporting such terrorist activities. The Sutherlands sued for various torts requesting a total of over $50 million in damages. The government of Iran refused to respond to the lawsuit.

Decision

Judgment for the Sutherlands. Foreign sovereign immunity is suspended by Congress for personal injuries "caused by an act of torture, extrajudicial killing, aircraft sabotage, hostage taking, or the provision of material support or resources ... for such an act." Expert testimony established the role of the government of Iran with respect to Hizbollah, so it is not immune from liability. It is responsible for the torts of battery, assault, false imprisonment, and emotional distress. Damages under federal law in hostage cases come to roughly $ 10,000 per day for each day of captivity, or $ 24,540,000 for Sutherland, plus damages for his wife and children for loss of consortium and mental distress. The Iranian Ministry of Information and Security is also liable for $ 300 million in punitive damages to Sutherland.

Citation Sutherland v. Islamic Republic of Iran, — F.Supp.2d — (2001 WL 705838, DDC, 2001).[147]

---

(147) Disponível em: <http://www.swlearning.com/blaw/cases/international/0801_international_01.html> Acesso em: 21.5.2003.

A menção revela-se oportuna, tendo em vista que demonstra a relativização da imunidade jurisdicional em outros âmbitos pelas cortes estadunidenses. É de se notar que, não obstante os Estados Unidos adotem a tese da *restrictive immunity*, costuma invocar em seu benefício a prerrogativa, mesmo em questões de natureza trabalhista, em claro desrespeito à regra da reciprocidade, um dos princípios magnos do Direito Internacional Público[148].

◆◆ **4.2.9. França**

Superando entendimento mantido durante o século XIX, a França adota a distinção entre atos ditos *actes de commerce* ou *actes de gestion privée* dos chamados *actes de puissance publique*.

No caso "Roumania v. Pascalet", o Tribunal do Comércio de Marseille sufragou tese no sentido de que compra de bens para revenda a nacionais é ato de comércio, elidindo a imunidade de jurisdição invocada pelo governo que exerce tal atividade.

No mesmo sentido, decidiu-se em "Chaliapine v. USSR", em que se rejeitou a imunidade arguida pela então União Soviética em processo em que se postulava direitos autorais[149]. (DOLINGER, 1982)

Em 2002, a Corte de Cassação francesa julgou alguns casos em que se discutia a imunidade jurisdicional, tendo reafirmado em todas as oportunidades o acolhimento do discrímen consistente na natureza do ato praticado pelo Estado estrangeiro, se de gestão ou de império, como se ilustra com os seguintes julgados:

> La Cour de cassation, siégeant en Chambre mixte, a précisé la portée du principe de l'immunité de juridiction des États étrangers dans le cas d'une instance prud'homale opposant une salariée, enseignante à l'École saoudienne de Paris, au Royaume d'Arabie Saoudite, l'intéressée réclamant son affiliation aux organismes sociaux français et le paiement de prestations sociales.
>
> La cour d'appel de Paris, par arrêt du 7.9.2000, avait jugé que le Royaume d'Arabie Saoudite était bien fondé à se prévaloir de l'immunité de juridiction aux motifs, notamment, que le programme et le calendrier scolaires en vigueur à l'École saoudienne étaient les mêmes que ceux appliqués en Arabie Saoudite

---

(148) Ver, entre outros, o AI n. 139.671 AgRg — Distrito Federal, Relator Min. Celso de Mello, Julgamento em 20.6.995, Publicação no DJ de 29.3.1996; e AC n. 9.707 — Rio de Janeiro, Relator Min. Aldir Passarinho, Julgamento em 1º.2.1988, Publicação no DJ de 11.3.1988.

(149) DOLINGER, Jacob. *Op. cit.*, p. 15.

et que le contrat de travail de la salariée contenait des clauses exorbitantes du droit commun français.

La Chambre mixte a cassé cet arrêt : après avoir rappelé que les États étrangers, et les organismes qui en constituent l'émanation, ne bénéficient de l'immunité de juridiction qu'autant que l'acte qui donne lieu au litige participe, par sa nature ou sa finalité, à l'exercice de la souveraineté de ces États et n'est donc pas un acte de gestion, la Cour de cassation a considéré, en l'espèce, que l'acte litigieux consistant pour l'État saoudien à refuser de déclarer la salariée à un régime français de protection sociale en vue de son affiliation n'était qu'un acte de gestion administrative. (2.12.2002: Bail d'habitation : ambassade)

Références: Cour de cassation chambre mixte du 20.6.2003, n. 00-45.629 et n. 00-45.630, Communiqué du Service de documentation et d'études de la Cour de cassation. [150]

Gréc Accords et conventions divers — Convention de Vienne du 18 avril 1961 — Ambassade — Immunité — Accords et conventions divers — Convention de Vienne du 18 avril 1961 — Ambassade — Immunité de juridiction — Bail conclu pour le logement d'un chauffeur d'ambassade (non)

Le bail conclu par une ambassade pour le logement de son chauffeur a été passé au nom et pour le compte de l'État étranger concerné et non pour les besoins de l'ambassadeur. Dés lors, le bail établi pour ce logement, situé à l'extérieur de la représentation diplomatique, est un acte de gestion qui n'est pas couvert par le principe de l'immunité de juridiction des Etats étrangers prévue par la Convention de Vienne du 18 avril 1961. CA Paris (14ème Ch., sect. A), 28 novembre 2001, n. 2-570.[151]

Interessante notar que, na França, embora persista como princípio, a imunidade de jurisdição mesmo no processo de execução perdeu seu caráter absoluto, tal como se percebe do caso *Eurodif c. République islamique d'Iran*, apreciado pelo Cour de Cassation[152].

Conforme ensina François Knoepfler (2000), apresentam-se como exceções principais à imunidade no sistema francês:

Exceptions principales à l'immunité:

— la renonciation;

---

(150) Disponível em: <http://www.droitzoom.fr/dz.artdotheme.php?domaine=empl&theme=empcont&page=1&i=11&nart=20030621002001> Acesso em: 21.5.2003.
(151) Disponível em: <http://www.legifrance.gouv.fr> Acesso em: 21.5.2003.
(152) KNOEPFLER, François. *Immunite d'execution*. Disponível em: <www.unine.ch/droit/support20PDF/Immunite_d'execution.ppt> Acesso em: 21.5.2003.

> — les biens situés sur le territoire de l'État du for, objet de la mesure de contrainte, ont un usage commercial.⁽¹⁵³⁾

A jurisprudência da Corte de Cassação francesa adotou como solução, para permitir a execução de Estado estrangeiro, a de fazer recair penhora sobre bens. É o que se verifica do seguinte excerto extraído de decisão proferida pelo aludido tribunal:

> AUX MOTIFS QUE **l'immunité d'exécution dont jouissent par principe les États étrangers peut être écartée si les biens saisis étaient affectés à l'activité économique ou commerciale relevant du droit privé qui donne lieu à la demande en justice**; que la Société CREIGHTON LIMITED ne démontre pas que les droits d'associés et valeurs mobilières saisis conservatoirement sont affectés à une activité économique ou commerciale en relation avec la créance qu'elle invoque; que la nature des droits et valeurs saisis n'est pas précisée dans l'acte; qu'en application de l'article 178 du décret du 31 juillet 1992, les droits et valeurs dont le débiteur est titulaire sont saisis auprès de la société ou de la personne morale émettrice; que si cette saisie conservatoire devait porter sur les actions de l'État du Qatar dans la QATAR NATIONAL BANK, il n'est pas établi que cette activité de nature commerciale de par les statuts de cette banque soit en relation avec le marché passé par la Société CREIGHTON LIMITED (...).

La Cour de Cassation, Première Chambre Civile. Formation de section. 6 juillet 2000. Arrêt n. 1278. Cassation. Pourvoi n. 98-19.068.⁽¹⁵⁴⁾

◆◆ 4.2.10. INGLATERRA

De acordo com o State Immunity Act 1978[155], não se pode louvar das imunidades o Estado estrangeiro que:

a) por sua própria vontade submete-se à jurisdição inglesa, o que se denota, entre outros, pela circunstância de ajuizar ação, intervir em processo (Seção 2);

b) realize atividades de natureza privada, que se configura nas seguintes situações:

1. contratos comerciais e **contratos de trabalho**;

---

(153) KNOEPFLER, François. *Op. cit.*
(154) Arrêt n. 1278. Cassation. *La cour de cassation, première chambre civile.* Formation de section. 6 juillet 2000. Pourvoi n. 98-19.068. Bulletin Civil — Bulletin D'information — Rapport de la Cour de Cassation. Disponível em: <http://lexinter.net/JPTXT/immunite_d'execution.htm> Acesso em: 21.5.2003.
(155) *Vide* Anexo III.

2. responsabilidade extracontratual;

3. propriedade de bem imóvel sito no Reino Unido, ou advinda de sucessão ou doação;

4. direito de propriedade intelectual ou industrial;

5. assuntos *interna corporis* em que o Estado estrangeiro encontra-se a frente de sociedade (*body corporate, incorporated body or a partnership*);

6. submissão à arbitragem no Reino Unido, salvo disposição compromissória diferente ou quando todas as partes forem Estados;

c) pratique atos na esfera do Direito Marítimo (ações *in rem* e *in personam*) relativos à operação de navios de sua propriedade (Seção 10) e nos de procedimentos relativos a tributos e taxas.

Além do rol aludido, a Seção 3 do *UK-Act*, como bem recorda Guido Soares (1984), contempla disposição de caráter geral, que afasta as imunidades de jurisdição nas transações comerciais, assim definidas na subseção 3:

a) qualquer contrato de suprimento de bens e serviços;

b) qualquer empréstimo ou outra transação para a provisão de recursos financeiros e qualquer garantia ou indenização relativa àquela transação ou qualquer outra obrigação financeira; e

c) qualquer outra transação ou atividade (comercial, industrial, financeira, profissional ou de caráter similar) em que o Estado participe ou exerça, e que não seja no exercício de sua atividade soberana.[156]

Nos termos da lei britânica, não podem ser alcançadas, desse modo, pela imunidade, as repercussões jurídicas de toda espécie de relação contratual, incluídas, naturalmente, as questões trabalhistas[157].

◆◆ 4.2.11. Itália

Os tribunais italianos revelaram-se pioneiros na restrição da imunidade jurisdicional dos Estados. Conforme noticiado por Dolinger (1982), no caso "Gutteriez v. Elmilik", em que se controvertia sobre honorários

---

(156) SOARES, Guido. *Op. cit.*
(157) É o que dispõe o item 4-1 da norma britânica *in verbis*: "4. (I) A State is not immune as respects proceedings relating to a contract of employment between the State and an individual where the contract was made in the United Kingdom or the work is to be wholly or partly performed there." Anexo III.

decorrentes de contrato de prestação de serviços e figurava como parte o Rei da Tunísia, a tese da imunidade foi afastada pela *Cassazione di Firenze*, em 25 de julho 1886[158].

É o que narra, a propósito, Guido Soares (1984):

> Nos finais do Século XIX, a partir de 1882, os tribunais judiciários da Itália foram os primeiros a lançar uma distinção entre *atti di imperio*, onde o Estado agia como *ente politico* e *atti di gestione*, onde o mesmo se apresentava como um *ente morale*, no que foram seguidos pelos tribunais da Bélgica e do Egito, que adotaram aqueles conceitos, com os nomes de: *acta jure imperii* (atos praticados no direito de império) e *acta jure gestionis* (atos praticados no direito de gestão) este últimos, também denominados *acta jure negotii* (atos, no direito negocial).

A jurisprudência italiana se firmou no sentido de que os critérios para determinar se se trata de ato público ou privado devem ser os fixados pelo direito italiano.

Seguem dois arestos[159] de cortes da Itália que ilustram o entendimento jurisprudencial predominante, especificamente no tocante a direitos decorrentes de relação de emprego:

Stati stranieri ed enti extraterritoriali — Rapporto di lavoro tra cittadino italiano e Stato estero — controversie — Giurisdizione del giudice italiano — limiti (Cost. art. 10; CPC arts. 4º, 37 e 409)

Con riguardo al rapporto di lavoro subordinato fra il cittadino italiano e uno Stato estero, sussiste la giurisdizione del giudice italiano in ordine alla domanda di pagamento di differenze retributive, trattandosi di domanda che ha a oggetto aspetti esclusivamente patrimoniali del rapporto, mentre tale giurisdizione non sussiste in ordine alla domanda di pronuncia d'illegittimità del licenziamento e alle conseguenti domande di reintegrazione e di risarcimento del danno. (Cass. Civ. — 12 marzo 1999 — Sent. n. 119 Pres. Iannotta, Rel.Triola, Ric.Ecole française de Rome — Guadagnino)

Stati stranieri ed enti extraterritoriali — Rapporti di lavoro alle dipendenze di Stati esteri ed enti extraterritoriali — controversie — giurisdizione del giudice italiano — condizioni. (Cost. arts. 10 e 36; CPC art. 4º)

In relazione a rapporti di lavoro alle dipendenze di Stati esteri o enti internazionali a essi equiparati, la giurisdizione del giudice italiano adito dal

---

(158) DOLINGER, Jacob. *Op. cit.*, p. 14.
(159) Disponível em: <http://www.studiocelentano.it/editorial/151299ii.htm#n001> Acesso em: 18.5.2003.

personale predetto sussiste non solo nel caso di controversie relative a rapporti di lavoro aventi a oggetto l'esecuzione di attività meramente ausiliaria delle funzioni istituzionali degli enti convenuti, ma anche nel caso in cui, pur avendo il rapporto a oggetto lo svolgimento di attività strettamente inerenti alle predette funzioni istituzionali, la decisione richiesta al giudice italiano attenga soltanto ad aspetti patrimoniali del rapporto e non sia perciò idonea a incidere o a interferire nelle stesse funzioni. (Cass. Civ. — 15 luglio 1999 — Sent. n. 395 Pres. Favara, Rel. Triola, Ric. Ambasciata del Regno dell'Arabia Saudita c.Al Bayaty Khalil)

◆◆ **4.2.12. PORTUGAL**

Em Portugal, o tratamento dispensado à matéria é bastante semelhante aos dos países já analisados e, tendo em vista a proximidade entre o direito constitucional pátrio e o lusitano, sobretudo ao que lhe confere a doutrina e jurisprudência brasileiras.

Eis alguns precedentes do Supremo Tribunal de Justiça[160] acerca da imunidade jurisdicional em matéria trabalhista:

ESTADO ESTRANGEIRO. IMUNIDADE JURISDICIONAL. ACÇÃO DE IMPUGNAÇÃO DE DESPEDIMENTO

I — A regra consuetudinária de direito internacional segundo a qual os Estados estrangeiros gozam de imunidade de jurisdição local quanto às causas em que poderiam ser réus não foi revogada pela Constituição da República Portuguesa de 1976, uma vez que, na sua formulação mais recente, essa regra não contraria nenhum dos preceitos fundamentais da Constituição.

II — Essa formulação conforme ao sistema constitucional português é a concepção restrita da regra da imunidade de jurisdição, que a restringe aos actos praticados *jure imperii*, excluindo dessa imunidade os actos praticados *jure gestionis*; isto é, a imunidade não abrange os actos praticados pelo Estado estrangeiro tal como o poderiam ter sido por um particular, mas apenas os que manifestam a sua soberania.

III — Quer a extensão da aludida regra, quer os critérios de diferenciação entres estes tipos de actividade, não têm contornos precisos e evoluem de acordo com a prática, designadamente jurisprudencial, dos diversos Estados que integram a comunidade internacional.

IV — Relativamente aos litígios laborais, designadamente acções fundadas em despedimento ilícito, essa prática não tem reconhecido a imunidade do

---

(160) Disponível em: <http://www.stj.pt> Acesso em: 15.4.2003.

Estado estrangeiro quando o trabalhador exerce funções subalternas, e não funções de direcção na organização do serviço público do réu ou funções de autoridade ou de representação

V — Não beneficia de imunidade de jurisdição o Estado estrangeiro contra o qual foi intentada acção de impugnação de despedimento, por empregada doméstica, que exercia a sua actividade, consistente essencialmente em tarefas de limpeza e de confecção de refeições, na residência do respectivo Embaixador, sendo essa relação laboral regulada pelo direito português. (N. do Documento: SJ200211130021724, Data do Acórdão: 13.11.2002, Relator: Mário Torres)

IMUNIDADE JURISDICIONAL. ESTADO ESTRANGEIRO. CONTRATO DE TRABALHO

O Estado ... goza de imunidade de jurisdição perante os tribunais portugueses em acção contra ele proposta por cidadão português despedido pela sua Embaixada, onde prestava trabalho subordinado. (N. do Documento: SJ198405110007064, Data do Acórdão: 11.5.1984, Relator: Miguel Caeiro)

ESTADO ESTRANGEIRO. IMUNIDADE JURISDICIONAL. CONTRATO DE TRABALHO. COMPETÊNCIA TERRITORIAL

I — O art. 31 da Convenção de Viena, aprovada pelo Decreto-Lei n. 48.925, de 27 de março de 1968, estabelece a imunidade de jurisdição civil mas exceptuou os casos de acções reais relativas a imóveis privados do diplomata, as referentes a actividade profissional não diplomática do agente e as referentes a actividade comercial do agente.

II — No art. 31 pretendeu-se excluir todas as actividades praticadas fora da função diplomática do agente e entre essas a contratação de uma empregada doméstica para fazer serviço na residência particular do diplomata.

III — Por consequência, os tribunais de trabalho portugueses são territorialmente competentes para conhecer de uma acção emergente de contrato individual de trabalho em que e Réu um agente diplomático." (Relator: Roberto Valente, N. do Documento: SJ199101300029274 Data do Acórdão: 30.1.1991)

◆◆ 4.3.13. Suíça

Já no início do século passado, os tribunais suíços reconheciam restrições na imunidade jurisdição. Em 1918, o *Tribunal Fédéral*, a mais alta Corte helvética, entendeu incidir a jurisdição nacional em caso envolvendo empréstimo público, por reputar privada a natureza da relação jurídica estabelecida entre o Ministério de Finanças da Áustria e portadores suíços de bônus por aqueles emitidos[161]. (DOLINGER, 1982)

A Convenção sobre imunidade estatal concluída em 1972 pelo Conselho de Europa foi adotada pela Suíça em 7 de outubro de 1982[162].

O país não tem leis que disciplinem a questão. A prática da Corte Suprema suíça tem sido, desde 1918, baseada em interpretação restritiva da prerrogativa (*Arrêts du Tribunal Fédéral*, ATF 44/1918; 56 I 237; 82 I 75; 86 I 23; 104, I, a 43, e mais recentemente ATF 113/1987 Ia 172 c.2). De acordo com tal linha interpretativa, um estado estrangeiro pode ser submetido à jurisdição nacional de acordo com certas condições, que podem se resumir à seguinte exigência: a prática de ato de natureza privada em território suíço[163].

No entender do *Tribunal Fédéral*, o Estado estrangeiro deve submeter-se, nessas circunstâncias, à jurisdição nacional, não só no processo de conhecimento, mas, igualmente, no processo de execução. É o que registra o Departamento de Negócios Estrangeiros da Suíça — *Département Fédéral des Affaires Étrangères* (DFAE):

> Selon le Tribunal fédéral, l'État étranger peut parfois également faire l'objet de mesures d'exécution forcée en Suisse. Ainsi, ce qui vaut pour l'immunité de juridiction vaut en principe aussi pour l'immunité d'exécution: l'État étranger qui, dans un cas déterminé, ne jouit pas de l'immunité de juridiction ne peut pas non plus se prévaloir de l'immunité d'exécution, à moins que les mesures d'exécution concernent des biens destinés à l'accomplissement d'actes de souveraineté. En effet, l'exécution forcée ne peut être exercée sur des avoirs ou biens affectés à l'exercice de tâches publiques.[164] (DFAE, 2003)

De acordo com a prática suíça, o Estado estrangeiro pode ser citado mediante os canais diplomáticos, caso não fixe residência oficial, sendo julgado de forma comum se não se apresentar na audiência inaugural. Se suscitada a imunidade, a Corte deve decidir a questão antes de adentrar no mérito da controvérsia, de onde se pode concluir pela sua natureza preliminar, tal como no sistema processual brasileiro. A decisão é, então, comunicada ao Estado estrangeiro por meio da via diplomática[165].

---

(161) DOLINGER, Jacob. *Op. cit.*, p. 15.
(162) DFAE — Département Fédéral des Affaires Étrangères. *Immunite des états, des chefs d'états et de leurs biens*. Disponível em: <http://www.onu.admin.ch/sub_dipl/f/home/thema/intlaw/immu.html> Acesso em: 20.4.2003.
(163) *Idem*.
(164) *Idem*.
(165) DFAE — Département Fédéral des Affaires Étrangères. *Immunité de juridiction d'un etat ètranger*. Disponível em: <http://www.eda.admin.ch/geneva_miss/f/home/guide/immu/etat.html> Acesso em: 12.3.2003.

No tocante às lides laborais, a jurisdição suíça tem incidência sempre que o contrato de trabalho decorrer de ato privado do Estado estrangeiro, excluindo-se, portanto, as relações de emprego mantidas com funcionários diplomáticos, consoante informa o já mencionado DFAE:

> Selon les explications précitées, le principe de l'immunité des États n'empêche pas le membre du personnel d'une mission d'attaquer en justice son Etat employeur sans aucune autorisation de celui-ci.
>
> Les tribunaux suisses sont compétents lorsque les rapports de travail d'un employé et son État employeur n'appartiennent pas au domaine d'activité souverain de l'État étranger (cf. ATF 110/1984 II 255 ss, affaire S. c. Inde). C'est le cas, par exemple, lorsque l'employé a été visiblement engagé par acte privé et qu'il ne fait pas partie du personnel de carrière de l'État étranger.
>
> Les tribunaux suisses ne sont pas compétents lorsque les rapports de travail sont couverts par le droit public de l'État étranger (cf. art. 1, al. 1, let. c de la loi sur la juridiction des prud'hommes, Genève). C'est le cas, par exemple, lorsque l'employé a été nommé fonctionnaire ou employé statutaire en application du droit administratif de l'État étranger.[166]

◆ 4.3. Experiência nacional

Desde muito tempo e de forma um tanto consensual, tem-se reconhecida a necessidade de observância da legislação trabalhista pátria pelos entes de Direito Internacional Público que tomem serviços de trabalhadores no território nacional. É um dos corolários do princípio da *Lex loci executionis* contemplado pelo Código Bustamante, em seu art. 198, de seguinte teor:

> Art. 198. A relação jurídica trabalhista é regida pelas leis vigentes no país da prestação de serviço e não por aquelas do local da contratação.

Na jurisprudência trabalhista, a tese foi cristalizada pela Súmula n. 207 do TST, editada pela Resolução n. 13/1985 do TST (DJ de 11, 12 e 15.7.1985) e que se encontra assim redigida:

CONFLITOS DE LEIS TRABALHISTAS NO ESPAÇO. PRINCÍPIO DA *LEX LOCI EXECUTIONIS* (mantida) — Res. 121/2003, DJ 19, 20 e 21.11.2003

A relação jurídica trabalhista é regida pelas leis vigentes no país da prestação de serviço e não por aquelas do local da contratação.

Entretanto, no Brasil, por largo tempo, doutrina e jurisprudência caminharam afastadas quanto ao tema da imunidade jurisdicional de Estado

---

(166) Disponível em: <http://www.eda.admin.ch/geneva_miss/f/home/guide/immu/etat.html>.

estrangeiro, em matéria trabalhista. Enquanto os doutrinadores apegavam-se às distinções entre *acta jure imperii* e *acta jure gestionis*, as cortes pátrias aferravam-se à teoria da imunidade absoluta, considerando o ente estatal estrangeiro completamente imune à atuação do Poder Judiciário brasileiro, estribando-se curiosamente nas Convenções de Viena sobre relações diplomáticas e consulares[167]. (SOARES, 1984)

Os litígios envolviam, as mais das vezes, questões de locação de imóveis, responsalibilidade civil e contratos de trabalho, conforme lembra Guido Soares (1984, p. 34):

> Assim foi no julgamento das questões onde mais o tema se apresentava: a) de inadimplência de contratos passados entre uma Missão diplomática em Brasília ou uma Repartição consular e um particular brasileiro ou estrangeiro mas domiciliado em território nacional, sendo os mais frequentes, os relativos a construção de edifícios e a locação de imóveis; b) responsabilidade civil por danos causados em acidentes de automóveis, veículos oficiais de Governos estrangeiros e/ou a seu serviço e c) um sem número de questões trabalhistas, suscitadas por contratos de trabalho entre pessoas domiciliadas no Brasil e que se encontravam empregadas a serviço de Embaixadas ou Repartições consulares de Governos estrangeiros no Brasil, para trabalho a ser prestado em território nacional.[168]

A seguir, procede-se à rápida restrospectiva histórica da evolução que se registrou no tratamento dado à questão no estado brasileiro.

◆◆ 4.3.1. Constituição de 1967/1969

Em nosso país, desde a Constituição de 1967, não se admite a imunidade absoluta dos atos de gestão praticados por Estado estrangeiro.

Com a redação dada pela Emenda Constitucional de 1969, o art. 125, inciso II, passou a estabelecer que:

Art. 125. Aos juízes federais compete processar e julgar, em primeira instância:

(...)

II — as causas entre Estado estrangeiro ou organismo internacional e municípios ou pessoa domiciliada ou residente no Brasil.

---

(167) SOARES, Guido. *Op. cit.*, p. 34.
(168) *Idem*.

Embora disponha sobre competência, o aludido dispositivo acena para a inexistência de imunidade absoluta de jurisdição dos entes de DIP.

Entretanto, o Eg. TST, antes da promulgação da atual Constituição da República assim não entendia, concluindo, ademais, competir à Justiça Federal o exame da matéria, à luz da Súmula n. 83 do antigo Tribunal Federal de Recursos — TFR:

CONSULADO. JURISDIÇÃO E COMPETÊNCIA TRABALHISTA

1. Segundo a convenção de Viena, de 1963, os locais consulares são invioláveis, inclusive para as autoridades do estado receptor, que os deve proteger contra qualquer invasão ou dano.

2. As pessoas jurídicas estrangeiras de direito público gozam de imunidade de jurisdição, que abrange os estados estrangeiros, chefes de estado e agentes diplomáticos — quanto a estes dois últimos, inclusive, na jurisdição penal.

3. No conceito de imunidade de jurisdição civil está implícita a imunidade de jurisdição trabalhista. O princípio trabalhista da proteção não se sobrepõe aos textos internacionais em vigor.

4. Conforme a súmula número oitenta e três do tribunal federal de recursos, compete a justiça federal processar e julgar reclamação trabalhista movida contra representação diplomática de país estrangeiro, "inclusive para decidir sobre a preliminar de imunidade de jurisdição".

5. Revista conhecida e provida. (RR n. 5.072/1981, DJ de 4.3.1983, Relator Ministro Coqueijo Costa).

RECLAMAÇÃO TRABALHISTA CONTRA ESTADO ESTRANGEIRO. Imunidade de Jurisdição. (EMBARGOS NÃO CONHECIDOS). (ERR n. 5.107/1977, DJ de 28.11.1980. Relator Ministro Orlando Coutinho).

IMUNIDADE DE JURISDIÇÃO — CONSULADO GERAL DE PORTUGAL. É de se aplicar à hipótese o princípio de imunidade de jurisdição, porque à justiça do trabalho não é dado conhecer de reclamatória ajuizada pelos que contratam com Estados estrangeiros. (RR n. 2.448/1979, DJ de 19.12.1980, Relator Ministro Expedito Amorim).

◆◆ 4.3.2. Constituição de 1988

De outro lado, a atual Constituição Federal, ao contrário do que alguns sustentam, não chegou a extirpar a imunidade de jurisdição de nosso ordenamento.

Como se sabe, o art. 114 da Constituição Federal de 1988 constitucional trata, tal como o art. 125 da Constituição de 1967, de competência sem, contudo, referir-se à imunidade de jurisdição. Possível extrair-se do comando normativo apenas que, uma vez ajuizada ação trabalhista contra pessoa jurídica de direito internacional público, compete à Justiça Especializada, não à Justiça Comum, a sua apreciação.

O tratamento dispensado à matéria, contudo, começou a se modificar, em campo em que as injustiças decorrentes da aplicação da teoria da imunidade absoluta de jurisdição do Estado estrangeiro revelarem-se mais pungentes: nas relações de trabalho entre Missão diplomática ou Repartição consular estrangeira e empregado que presta serviço em território nacional. Tais movimentos de correção de rota, como ensina Guido Soares (1984), puderam ser claramente percebidos após a adoção da Constituição Federal de 1988, com o novo rumo tomado pela jurisprudência dos tribunais superiores brasileiros após o julgamento, em 1990, pelo Supremo Tribunal Federal, do caso Geny de Oliveira[169].

◆◆ **4.3.3. Caso Genny de Oliveira**

Divisor de águas na jurisprudência nacional, o julgamento pelo Excelso STF da AC n. 9.696-3/SP, cuja relatoria coube ao Exmo. Min. Sydney Sanches, que entendia extinta a figura da imunidade jurisdicional nos processos de natureza trabalhista, após 1988. Divergindo desse posicionamento, o Exmo. Min. Francisco Rezek, no que foi acompanhado pelos demais ministros, sufragou a tese de que: 1) o art. 114 da Constituição Federal fez tão somente fixar a competência da Justiça do Trabalho, não excluindo "a possibilidade de que essa competência resulte acaso inexercida"; e 2) não subsistia mais a imunidade absoluta de jurisdição no tocante a questões trabalhistas, por força da mudança que se operou no cenário intenacional nos planos legislativo, doutrinário e jurisprudencial.

O dissídio individual chegou ao E. STF, por força de apelação cível interposta para dirimir conflito de jurisdição entre a Justiça Federal e a Justiça do Trabalho. O mérito da causa consistia no exame de postulações de verbas decorrentes de despedida injustificada de particular (o marido falecido da Senhora Geny de Oliveira, a qual então se apresentava como recorrente), em face da Representação Comercial da então República Democrática da Alemanha em São Paulo, entidade que seria, no curso da lide, assimilada a uma seção da Embaixada daquele país na Capital Federal.

---

(169) SOARES, Guido. *Op. cit.*, p. 34.

Os fundamentos da decisão da Corte Suprema brasileira foram lançados no conjunto argumentativo engendrado no voto do eminente Ministro já aludido Francisco Rezek. A respeito de tais razões, Guido Soares (1984, p. 35/36) apresenta a seguinte síntese:

> a) é necessário distinguir as imunidades que se tem verificado, na jurisprudência do Supremo Tribunal Federal, nas suas duas vertentes: aquelas pessoais, resultantes das duas Convenções de Viena (sobre relações diplomáticas e sobre relações consulares), atribuídas a um réu, pessoa física, e nas quais opera em plenitude, o direito internacional escrito; e aquelas que são atribuídas ao próprio Estado estrangeiro;
>
> b) as primeiras raramente têm sido invocadas perante o Supremo Tribunal Federal, o mesmo não ocorrendo em relação às segundas:
>
> c) o fundamento da jurisprudência do Supremo Tribunal Federal, em relação às imunidades do próprio Estado (como no caso *sub judice*, nas relações trabalhistas), se tinha firmado numa regra costumeira então vigente, das imunidades absolutas do Estado estrangeiro perante os tribunais brasileiros, regra essa que deixou de existir a partir de 1972, com a edição da Convenção Europeia da Basileia sobre as imunidades do Estado, reafirmada com as leis dos EUA e do Reino Unido, que introduziram temperamentos na teoria da imunidade absoluta do Estado estrangeiro;
>
> d) isto posto, não havendo solidez na regra costumeira de Direito Internacional, o fundamento da jurisprudência anterior do Supremo Tribunal Federal desapareceu, havendo assim, a necessidade de acomodar a jurisprudência do mesmo à nova realidade (não tendo mudado o quadro interno, mas o internacional) e, portanto, não se encontra "fundamento para estatuir sobre a imunidade como vinha garantindo o Supremo Tribunal Federal". Eis o cerne da decisão, *verbis*: O que caiu foi o nosso único suporte para a afirmação da imunidade numa causa trabalhista contra o Estado estrangeiro, em razão da insubsistência da regra costumeira que se dizia sólida — quando ela o era — e que assegura a imunidade em termos absolutos. Com essas razões, também voto no sentido de dar causa o deslinde proposto pelo Ministro Relator. Não me apoio no art. 114 de Constituição de 1988, mas no fato de não mais encontrar fundamento para estatuir sobre a imunidade como vinha garantindo o Supremo Tribunal Federal.[170]

---

(170) SOARES, Guido. *Op. cit.*, p. 35/36.

A superveniência do atual texto constitucional não alterou, como se percebe, o quadro normativo da imunidade de jurisdição. As mudanças ocorreram, consoante descrito por Rezek, no âmbito internacional.

Em virtude dessas alterações no ordenamento internacional, sobretudo após a Convenção Europeia de 1972, a imunidade de jurisdição tem sido afastada na esfera das relações laborais, de forma praticamente unânime pela doutrina e jurisprudência, tal como se verá.

◆◆ 4.3.4. Doutrina

Apenas para ilustrar o entendimento quase pacífico dos doutrinadores que tem se debruçado sobre o tema no Brasil, eis aí excertos de dois juslaboralistas, Marcelo Freire Sampaio Costa e Arion Sayão Romita, os quais sufragam a tese da imunidade limitada que não alcançaria as causas de natureza trabalhista:

> Dessa feita, impende salientar, (...), a aplicabilidade da chamada imunidade temperada, isto é, inocorre imunidade de jurisdição quando os entes de direito público externo praticarem atos de gestão, advindos das relações rotineiras entre os referidos entes e os súditos do país em que este atua. As relações trabalhistas incluem-se dentro desses atos de mera gestão, de modo que não se cogita nessa hipótese, a existência de imunidade de jurisdição, estando os já mencionados entes sujeitos à jurisdição trabalhista do país em que atuam.[171] (COSTA, 2001, p. 549)

> A imunidade de jurisdição, hoje reconhecida pelo direito brasileiro, é restritiva e não alcança as causas trabalhistas. A razão deriva da distinção entre atos praticados pelo ente externo *iure imperii* e *iure gestionis*. A celebração de contrato de trabalho não se inclui entre os atos praticados *iure imperii*, porque não configura ato de poder; nele o Estado não age como ente soberano, mas sim pratica ato em função de uma atividade privada; o Estado atua como particular.[172] (ROMITA, 2001, p. 14)

Embora esta seja a posição majoritária na doutrina nacional, pode-se dizer que hoje ainda há autores que defendem a imunidade irrestrita, consoante se verá de forma mais exaustiva adiante.

---

(171) COSTA, Marcelo Freire Sampaio. Competência internacional da justiça do trabalho — algumas considerações. In: *Estudos*, Curitiba: Gênesis, p. 549, abr. 2001.
(172) ROMITA, Arion Sayão. Entes de direito público externo — aspectos da competência. In: *Síntese Trabalhista*, n. 145, p. 14, jul. 2001.

◆◆ **4.3.5. Jurisprudência**

De igual maneira, a jurisprudência dos tribunais superiores nacionais tem seguido a tese da imunidade restrita, com duas limitações, que serão melhor exploradas, posteriormente: a) uma que se poderia qualificar como **objetiva**, segundo a qual a relativização da imunidade diria respeito apenas ao processo ou fase de **conhecimento**, não se estendendo à execução, em princípio[173]; e b) outra que poderia ser vista como **subjetiva**, de acordo com a qual a mitigação cingir-se-ia aos Estados estrangeiros, não englobando as organizações internacionais (que permaneceriam imunes, tanto no conhecimento quanto na execução), segundo a posição mais recente das Cortes Superiores.

A seguir, são apresentadas algumas referências a precedentes do Supremo Tribunal Federal — STF, Superior Tribunal de Justiça — STJ, e Tribunal Superior do Trabalho — TST.

◆◆◆ *4.3.5.1. Supremo Tribunal Federal*

O posicionamento do E. Supremo Tribunal Federal já se consolidou no sentido de negar imunidade de jurisdição a alguns dos sujeitos de Direito Internacional Público (notadamente, os Estados estrangeiros) quanto às demandas trabalhistas. Ilustra bem esse posicionamento a ementa que resultou do histórico julgamento da apelação cível já referida, que se tornou um marco nesse campo:

> ESTADO ESTRANGEIRO. IMUNIDADE JUDICIÁRIA. CAUSA TRABALHISTA. Não há imunidade de jurisdição para o estado estrangeiro, em causa de natureza trabalhista. Em princípio, esta deve ser processada e julgada pela justiça do trabalho, se ajuizada depois do advento da Constituição Federal de 1988 (art. 114). (...) (Supremo Tribunal Federal, Pleno. Relator Ministro Sydney Sanches, Apelação Cível n. 9.696-3/SP, Acórdão Publicado no DJU de 12.10.1990).

Cristalizou-se tal entendimento jurisprudencial quanto à matéria no âmbito do E. STF, tal como se observa desse recente julgado:

> IMUNIDADE DE JURISDIÇÃO — RECLAMAÇÃO TRABALHISTA — LITÍGIO ENTRE ESTADO ESTRANGEIRO E EMPREGADO BRASILEIRO — EVOLUÇÃO DO TEMA NA DOUTRINA, NA LEGISLAÇÃO COMPA-

---

(173) Embora haja certa polêmica a respeito da matéria, a inclinação que se percebe no TST e no STF é a de reconhecer a imunidade absoluta na execução, ressalvada apenas a possibilidade de constrição de bens que não afetam a missão diplomática.

RADA E NA JURISPRUDÊNCIA DO SUPREMO TRIBUNAL FEDERAL: DA IMUNIDADE JURISDICIONAL ABSOLUTA À IMUNIDADE JURISDICIONAL MERAMENTE RELATIVA — RECURSO EXTRAORDINÁRIO NÃO CONHECIDO. OS ESTADOS ESTRANGEIROS NÃO DISPÕEM DE IMUNIDADE DE JURISDIÇÃO, PERANTE O PODER JUDICIÁRIO BRASILEIRO, NAS CAUSAS DE NATUREZA TRABALHISTA, POIS ESSA PRERROGATIVA DE DIREITO INTERNACIONAL PÚBLICO TEM CARÁTER MERAMENTE RELATIVO. O Estado estrangeiro não dispõe de imunidade de jurisdição, perante órgãos do Poder Judiciário brasileiro, quando se tratar de causa de natureza trabalhista. Doutrina. Precedentes do STF (RTJ 133/159 e RTJ 161/643-644). — Privilégios diplomáticos não podem ser invocados, em processos trabalhistas, para coonestar o enriquecimento sem causa de Estados estrangeiros, em inaceitável detrimento de trabalhadores residentes em território brasileiro, sob pena de essa pr ática consagrar censurável desvio ético-jurídico, incompatível com o princípio da boa-fé e inconciliável com os grandes postulados do direito internacional (Supremo Tribunal Federal, RE n. 222368 AGR/PE, Relator Min. Celso de Mello, DJ de 14.2.2003).

Vale transcrever, de igual modo, ementa de decisão monocrática proferida pelo Exmo. Ministro Celso de Mello, publicada no DJ de 8 de março de 2002, na qual, confirmando acórdão desta Eg. Turma do TST, manteve a condenação imposta ao Consulado Geral do Japão quanto a débitos trabalhistas:

IMUNIDADE DE JURISDIÇÃO. RECLAMAÇÃO TRABALHISTA. LITÍGIO ENTRE ESTADO ESTRANGEIRO E EMPREGADO BRASILEIRO. EVOLUÇÃO DO TEMA NA DOUTRINA, NA LEGISLAÇÃO COMPARADA E NA JURISPRUDÊNCIA DO SUPREMO TRIBUNAL FEDERAL: DA IMUNIDADE JURISDICIONAL ABSOLUTA À IMUNIDADE JURISDICIONAL MERAMENTE RELATIVA. RECURSO EXTRAORDINÁRIO NÃO CONHECIDO.

— O Estado estrangeiro não dispõe de imunidade de jurisdição, perante órgãos do Poder Judiciário brasileiro, quando se tratar de causa de natureza trabalhista. Doutrina. Precedentes do STF. (RTJ 133/159 e RTJ 161/643-644).

— Privilégios diplomáticos não podem ser invocados, em processos trabalhistas, para coonestar o enriquecimento sem causa de Estados estrangeiros, em injusto detrimento de trabalhadores residentes em território brasileiro, sob pena de essa prática consagrar inaceitável desvio ético-jurídico, incompatível com o princípio da boa-fé e com os grandes postulados do direito internacional (Supremo Tribunal Federal, Relator Ministro Celso de Mello, Recurso Extraordinário n. 222.368/PE, Decisão Publicada no DJU de 8.3.2002).

Convém ressaltar que, como será aprofundado mais adiante, o STF passou a reconhecer imunidade jurisdicional às organizações internacionais.

O *leading case*, nesse ponto, foi o RE n. 578543/MT, da relatoria da Min. Ellen Gracie, em que se deu provimento ao recurso extraordinário, "reconhecendo a afronta à literal disposição contida na Seção 2 da Convenção sobre Privilégios e Imunidades das Nações Unidas, julgar procedente o pleito formulado na ação rescisória, a fim de desconstituir o acórdão do TRT da 23ª Região e reconhecer a imunidade de jurisdição e de execução da ONU/PNUD". Entendeu-se, em essência, que "o acórdão recorrido ofende tanto o art. 114 quanto o art. 5º, § 2º, ambos da CF, já que confere interpretação extravagante ao primeiro, no sentido de que ele tem o condão de afastar toda e qualquer norma de imunidade de jurisdição acaso existente em matéria trabalhista, bem como despreza o teor de tratados internacionais celebrados pelo Brasil que asseguram a imunidade de jurisdição e de execução da recorrente" (Informativo STF de 4 a 8 de maio de 2009 — n. 545)[174].

◆◆◆ 4.3.5.2. TRIBUNAL SUPERIOR DO TRABALHO

No âmbito do Eg. Tribunal Superior do Trabalho, a matéria já se encontra pacificada, tendo sido acolhida a tese da imunidade de jurisdição relativa quanto aos Estados estrangeiros, conforme se vê, dentre outros, dos arestos que se seguem:

ESTADO ESTRANGEIRO. IMUNIDADE DE JURISDIÇÃO RELATIVA. ART. 32 DO DECRETO N. 56.435/1965 (PROMULGAÇÃO DA CONVENÇÃO DE VIENA SOBRE RELAÇÕES DIPLOMÁTICAS). 1. A decisão proferida pelo Tribunal Regional encontra-se consonante com a reiterada jurisprudência emanada do Supremo Tribunal Federal, no sentido da inexistência de imunidade de jurisdição dos Estados estrangeiros perante órgãos do Poder Judiciário brasileiro, quando a causa tiver origem em atos de mera gestão revestidos de natureza trabalhista. Origina-se o entendimento atualmente adotado pelo excelso Pretório, por sua vez, da adesão à teoria da imunidade relativa de jurisdição dos Estados soberanos, segundo a qual, tendo em vista o novo quadro normativo delineado no cenário dos direitos internacional e comparado, subordina-se a imunidade de jurisdição à natureza do ato que tiver motivado a instauração da causa em juízo. 2. Nessa linha, é perfeitamente possível concluir pela inexistência de afronta ao art. 32 do Decreto n. 56.435/1965, por meio do qual a Convenção de Viena sobre Relações Diplomáticas de 1961 ingressou no ordenamento jurídico interno, uma vez que a adoção da relativização da imunidade de jurisdição vai ao encontro do espírito que se imprimiu ao referido Tratado Internacional, que, em seus considerando

---

(174) Disponível em: <http://www.stf.jus.br/arquivo/informativo/documento/informativo545.htm#ReclamaçãoTrabalhista contra a ONU/PNUD: Imunidade de Jurisdição e Execução-1> Acesso em: 8.6.2011.

explícita não terem os privilégios e imunidades diplomáticas o intuito de beneficiar indivíduos, mas apenas de garantir o eficaz desempenho das funções das Missões diplomáticas, em seu caráter de representantes dos Estados. 3. Agravo de instrumento a que se nega provimento. (TST-AIRR-1984-69.2010.5.10.0000, Data de Julgamento: 4.5.2011, Relator Ministro: Lelio Bentes Corrêa, 1ª Turma, Data de publicação: DEJT 13.5.2011).

AGRAVO DE INSTRUMENTO. RECURSO DE REVISTA. EMBAIXADA DA REPÚBLICA FEDERAL DA ALEMANHA. ESTADO ESTRANGEIRO. IMUNIDADE DE JURISDIÇÃO RELATIVIZADA. É entendimento jurisprudencial desta Corte Especializada que a imunidade de jurisdição dos Estados estrangeiros é relativa, em relação às demandas que envolvam atos de gestão, e em que se debate o direito a parcelas decorrentes da relação de trabalho. Na hipótese, sendo a Reclamada pessoa jurídica de Direito Público Externo, Estado estrangeiro, não se há falar em imunidade de jurisdição. Agravo de instrumento desprovido. (TST-AIRR n. 83140-02.2003.5.10.0008, Data de Julgamento: 26.5.2010, Relator Ministro: Mauricio Godinho Delgado, 6ª Turma, Data de publicação: DEJT 4.6.2010).

ENTE DE DIREITO PÚBLICO EXTERNO. COMPETÊNCIA DA JUSTIÇA DO TRABALHO. IMUNIDADE DE JURISDIÇÃO. CARÁTER RELATIVO. A propósito do problema da imunidade jurisdicional invocada em conflito de natureza trabalhista, quando litigam um ente de direito público externo e seu empregado, a jurisprudência firmada pelo Supremo Tribunal Federal, sob a égide da vigente Constituição, consolidou-se no sentido de atribuir-lhe caráter meramente relativo e, em consequência, não impede que os juízes e tribunais brasileiros conheçam de tais controvérsias e sobre elas exerçam o poder jurisdicional que lhes é inerente, tal como reconhecida pelo direito internacional público e consagrada na prática internacional. Agravo de Instrumento não provido. (AIRR-649.528/2000, DJ de 20.4.2001, Relator Juiz Convocado Walmir Oliveira da Costa).

IMUNIDADE DE JURISDIÇÃO — ORGANISMO INTERNACIONAL — VIOLAÇÃO DO ART. 114, DA CONSTITUIÇÃO FEDERAL DE 1988. A Imunidade de Jurisdição não mais subsiste no panorama internacional, nem mesmo na tradicional jurisprudência de nossas Cortes, pelo menos de forma absoluta, porquanto é de se levar em conta a natureza do ato motivador da instauração do litígio; de modo que, se o Estado Estrangeiro atua em matéria de ordem estritamente privada, está a raticar atos de gestão, igualando-se, nesta condição, ao particular e desnudando-se dos privilégios conferidos ao ente público internacional. Do contrário, estar-se-ia colocando em risco a soberania do cumprimento dos princípios constitucionais, notadamente quando o ato praticado não se reveste de qualquer característica que justifique a inovação do princípio da Imunidade de Jurisdição. Embargos não conhecidos. (ERR n. 189.280/1995, DJ de 4.8.2000, Redator Designado Ministro José Luiz Vasconcellos).

ESTADO ESTRANGEIRO — IMUNIDADE DE JURISDIÇÃO. Ainda que se reconheça que o artigo cento e quatorze, *caput*, da Constituição da república encerra, apenas, uma regra de competência quanto aos entes de direito público externo, por não se poder admitir que o legislador constituinte dispusesse sobre a imunidade de jurisdição, todavia, as convenções de Viena não asseguram essa imunidade, que se assentava nos direitos das gentes, de observância uniforme no plano internacional. Entretanto, a comunidade internacional, com a quebra do princípio por alguns países, não mais observa essa diretriz, quando o ente de direito público externo nivela-se ao particular, em atos de negócio ou de gestão. A imunidade persiste, pois, em se tratando de atos de império. Recurso conhecido e a que se nega provimento. (RR n. 107.679/1994, DJ de 18.8.1995, Relator Ministro Indalecio Gomes Neto).

No mesmo sentido, ainda, podem ser citados os seguintes precedentes jurisprudenciais da Eg. Corte Superior Trabalhista brasileira:

- RR n. 182.287/1995, DJ 15.5.1998, Relator Ministro Valdir Righeto;

- RR n. 167.741/1995, DJ 3.4.1998, Relator Ministro Lourenço Prado;

- ERR n. 1698/1985, DJ 3.5.1996, Relator Ministro Vantuil Abdala;

- ROAR n. 241.247/1996, DJ 5.2.1997, Relator Ministro Jose Luciano de Castilho Pereira;

- ROMS n. 341.103/1999, DJ 12.11.1999, Relator Ministro Milton de Moura França;

- AIRR 649.528/2000, DJ 20.4.20001, Relator Juiz Convocado Walmir Oliveira da Costa;

- AGERR n. 167.741/1999, DJ 19.2.1999, Relator Ministro Almir Pazzianotto Pinto.

Consigne-se, entretanto, que, conforme se verá com maior profundidade adiante, o tratamento que a Corte Superior Trabalhista (em suas turmas e na SBDI-1) tem concedido às organizações internacionais é distinto, reconhecendo-se a imunidade de jurisdição tanto no conhecimento quanto na execução, na esteira da tese adotada pelo STF, como se vê do aresto a seguir:

IMUNIDADE DE JURISDIÇÃO. ORGANIZAÇÃO INTERNACIONAL. Diante das ofensas aos arts. 2º do Decreto n. 27.784/1950, que tem força de Lei Ordinária, e 5º, II da CF/1988, determina-se o processamento do Recurso de Revista. Agravo de Instrumento a que se dá provimento. RECURSO DE REVISTA. IMUNIDADEDE JURISDIÇÃO. ORGANIZAÇÃO INTERNACIONAL. As organizações ou organismos internacionais não se equiparam ou se assemelham ao Estado estrangeiro em relação à imunidade de jurisdição porque, quando se estabelecem em determinado país, pactuam regras próprias (tratado de sede). Havendo norma escrita prevendo a imunidade da organização internacional, não se pode dizer que para elas não mais vige o costume internacional que conferia imunidade ao Estado. Recurso de Revista conhecido e provido. (TST-RR n. 2440-19.2010.5.10.0000 Data de julgamento: 4.5.2011, Relatora Ministra: Maria de Assis Calsing, 4ª Turma, Data de publicação: DEJT 13.5.2011).

No tocante à imunidade na execução, consoante também será mais detidamente examinado em capítulo próprio, tende-se a reconhecer a absolutização da imunidade, embora se admita a possibilidade de constrição de bens que não afetam a missão diplomática. É o que ilustra o seguinte julgado:

RECURSO ORDINÁRIO EM MANDADO DE SEGURANÇA. ESTADO ESTRANGEIRO. CONSULADO-GERAL DA ÍNDIA. IMUNIDADE RELATIVA DE JURISDIÇÃO E EXECUÇÃO. IMPOSSIBILIDADE DE RECAIR PENHORA SOBRE BENS AFETOS À REPRESENTAÇÃO DIPLOMÁTICA. CONCESSÃO DA SEGURANÇA. Nos termos da jurisprudência do Excelso STF e desta Corte, é relativa a imunidade de jurisdição e execução do Estado estrangeiro, não sendo passíveis de constrição judicial, contudo, os bens afetados à representação diplomática. Assim, deve ser parcialmente concedida a segurança, a fim de se determinar que não recaia penhora sobre bens atrelados, estritamente, à representação diplomática ou consular do impetrante. Precedentes. Recurso ordinário em mandado de segurança conhecido e parcialmente provido. (TST-RO n. 1258500-04.2008.5.02.0000, Data de julgamento: 5.4.2011, Relator Ministro: Alberto Luiz Bresciani de Fontan Pereira, Subseção II Especializada em Dissídios Individuais, Data de publicação: DEJT 19.4.2011).

◆◆◆ 4.3.5.3. *Tribunal Regional do Trabalho da 10ª Região*

No âmbito do Tribunal Regional do Trabalho da 10ª Região, cuja jurisdição alcança o Distrito Federal e o Estado de Tocantins, é que se concentra, estatisticamente, o maior número de demandas trabalhistas envolvendo entes de Direito Internacional Público, conforme se verá, em maiores detalhes, mais adiante.

Desde o ano de 2005, com a edição de verbete específico sobre o tema, o Tribunal Regional, invocando o princípio da reciprocidade, consolidou o entendimento de que não haveria imunidade para qualquer organismo internacional em processo de conhecimento trabalhista. Além disso, o texto ressalta, *a contrario sensu*, que a única forma de resguardar a prerrogativa da imunidade *jurisdictional* seria a de o ente estrangeiro provar que promoveu a "adoção de meios adequados para solução das controvérsias resultantes dos contratos com particulares, nos exatos termos da obrigação imposta pelo artigo VIII, Seção 29, da Convenção de Privilégios e Imunidades das Nações Unidas". Eis o teor do Verbete n. 17/2005 do TRT10:

> IMUNIDADE DE JURISDIÇÃO. ORGANISMO INTERNACIONAL. MATÉRIA TRABALHISTA. INEXISTÊNCIA. PRINCÍPIO DA RECIPROCIDADE. Em respeito ao princípio da reciprocidade, não há imunidade de jurisdição para Organismo Internacional, em processo de conhecimento trabalhista, quando este ente não promove a adoção de meios adequados para solução das controvérsias resultantes dos contratos com particulares, nos exatos termos da obrigação imposta pelo art. VIII, Seção 29, da Convenção de Privilégios e Imunidades das Nações Unidas. (Publicado no DJ-3 em 17.1.2006).

❖❖❖ *4.3.5.4. Superior Tribunal de Justiça*

O acórdão proferido no caso Geny de Oliveira serviu de precedente para fundamentar as primeiras decisões do Eg. Superior Tribunal de Justiça sobre o tema. Em apelação cível, que envolveu a Embaixada dos EUA como apelante, eis como se encontra ementado o aresto:

> IMUNIDADES DE JURISDIÇÃO. RECLAMAÇÃO TRABALHISTA INTENTADA CONTRA ESTADO ESTRANGEIRO. Sofrendo o princípio da imunidade absoluta de jurisdição certos temperamentos, em face da evolução do direito consuetudinário internacional, não é ela aplicável a determinados litígios decorrentes de relações rotineiras entre Estado estrangeiro e os súditos do país em que o mesmo atua, de que é exemplo a reclamação trabalhista. Precedentes do STF e do STJ. Apelo a que se nega provimento. (Superior Tribunal de Justiça, Relator Ministro Barros Monteiro, AC2/DF; Apelação Civel 1989/0008751-7, DJ de 3.9.1990).

Em idêntica direção, o Eg. Superior Tribunal de Justiça tem decidido mais recentemente, concluindo pela inviabilidade de invocação de imunidade jurisdicional em matéria trabalhista:

> ESTADO ESTRANGEIRO. RECLAMAÇÃO TRABALHISTA. IMUNIDADE DE JURISDIÇÃO. O princípio da imunidade de jurisdição de Estados estrangeiros era entre nós adotada, não por força das Convenções de Viena, que cuidam de imunidade pessoal, mas em homenagem a costumes internacionais. Ocorre que esses, tendo evoluído, não mais se considera essa imunidade como absoluta, inaplicável o princípio quando se trata de litígios decorrentes de relações rotineiras entre o Estado estrangeiro, representado por seus agentes, e os súditos do país em que atuam. Precedente do Supremo Tribunal Federal.

(Superior Tribunal de Justiça, 3ª Turma, Relator Ministro Eduardo Ribeiro Apelação Cível 7-BA, Acórdão publicado no DJU de 30.4.1990).

IMUNIDADE DE JURISDIÇÃO. RECLAMAÇÃO TRABALHISTA INTENTADA CONTRA ESTADO ESTRANGEIRO. Sofrendo o princípio da imunidade absoluta de jurisdição certos temperamentos em face da evolução do direito consuetudinário internacional, não é ele aplicável a determinados litígios decorrentes de relações rotineiras entre o Estado estrangeiro e os súditos do país em que o mesmo atua, de que é exemplo a reclamação trabalhista. Precedentes do STF e STJ. Apelo a que se nega provimento. (Superior Tribunal de Justiça, 4ª Turma, Relator Ministro Barros Monteiro Apelação Cível 89.8751-7-DF, Acórdão publicado no DJU de 3.9.1990).

Em conclusão, pode-se afirmar que no Brasil prevalece, na jurisprudência das cortes superiores e na doutrina majoritária, o entendimento segundo o qual não há como invocar hodiernamente a imunidade de jurisdição relativamente a dissídios trabalhistas.

A esse propósito, Guido Soares (1984, p. 36), aludindo à Nota Circular às Missões Diplomáticas e Repartições Consulares emitida pelo Ministério das Relações Exteriores e à jurisprudência dos tribunais superiores brasileiros, afirma que a adoção da tese da imunidade relativa coloca o país em consonância com a tendência que se firmou mundialmente. Recomenda, nesse sentido, a incorporação ao ordenamento jurídico nacional da Projeto de Convenção da Comissão de Direito Internacional das Nações Unidas sobre Imunidades do Estado:

> Acreditamos que, a dar-se seguimento àquela orientação da jurisprudência superior e às atitudes do Poder Executivo, através de seu Ministério das Relações Exteriores, o Brasil estará conforme às modernas tendências de restringirem-se as imunidades de jurisdição do Estado estrangeiro perante os foros judiciários nacionais. O caminho, ao que tudo indica, deverá ser a via do Judiciário, como têm feito os sistemas jurídicos nacionais de outros países, irmanados com o brasileiro, na família dos direitos romano-germânica, e, menos indicativo, a via de uma legislação interna *ad hoc*, solução que os países da *Common Law* têm adotado. De qualquer forma, contudo, parece-nos que seria de todo aconselhável ao País, acompanhar o desenvolvimento daquele Projeto de Convenção da Comissão de Direito Internacional das Nações Unidas sobre Imunidades do Estado, para, a final, olhar com simpatia a possibilidade de adotá-lo. Tudo indicaria que seus termos não colidem com os princípios do direito brasileiro, a provar-se pela efetiva influência e decisivo auxílio que a

Convenção Europeia sobre Imunidades do Estado tem dado à exata evolução da jurisprudência nacional, relembrando-nos de que esta Convenção foi e tem sido a fonte de inspiração do Projeto da CDI; ademais, as tinturas claras e coincidentemente presentes na Convenção Europeia, de defesa dos direitos humanos, igualmente estão coerentes com os princípios da Constituição Federal brasileira de 1988.[175]

◆◆◆ 4.3.6. ESTATÍSTICAS

De acordo com o Sindicato dos Trabalhadores nas Embaixadas, Consulados, Organismos Internacionais e seus Anexos e afins do Distrito Federal — SINDNAÇÕES, há, aproximadamente, 6.800 funcionários nas 92 embaixadas e 24 organismos internacionais em Brasília[176].

Conforme os registros do Embaixador Lúcio Pires de Amorim[177], entre 1995 e 2000, foram ajuizadas 570 ações contra pessoas jurídicas de DIP, das quais 528 foram trabalhistas[178]. Em tais ações, figuraram como parte, em número descrescente: os Estados Unidos, em 63 casos; as Nações Unidas, em 41 casos; a Argentina, em 26 casos; o Japão, em 23 casos; a Espanha, em 18 casos; a Alemanha, em 17 casos; a Grã-Bretanha, em 16 casos; e a França, em 14 casos[179]. (AMORIN, 2001, p. 44/45)

Apenas para que se tenha alguma noção dos resultados das demandas trabalhistas propostas contra entes de DIP no Brasil, menciona-se estudo realizado pela Juíza Maria de Assis Calsing, no âmbito do Tribunal Regional do Trabalho da 10ª Região[180]. De acordo com o levantamento estatístico feito, no período entre 1990 e 2001, na 10ª Regional foram protocoladas 383 ações ajuizadas contra Estados estrangeiros e/ou organizações interna-

---

(175) SOARES, Guido. *Op. cit.*, p. 36.
(176) Informação divulgada pelo *Jornal de Brasília*, em 22 de maio de 2002. Matéria disponível em: www.jornaldebrasilia.com.br/anteriores/22-05/gbrasilia_13.htm> Acesso em: 12.2.2003.
(177) AMORIM, Lúcio Pires de. Imunidade de execução: a questão da exequibilidade de decisões judiciais contra Estados estrangeiros. In: *Série Cadernos do CEJ*, v. 19, Imunidade soberana: o Estado estrangeiro diante do juiz nacional. Conselho da Justiça Federal. Centro de Estudos Judiciários. Brasília: CJF, p. 44/45, 2001.
(178) Segundo informações de Márcio Pereira Pinto Garcia, cerca de 94% das ações ajuizadas contra entes de DIP têm natureza trabalhista. GARCIA, Márcio Pereira Pinto. Imunidade de jurisdição: evolução e tendências. In: *Série Cadernos do CEJ*, v. 19, Imunidade soberana: o Estado estrangeiro diante do juiz nacional. Conselho da Justiça Federal. Centro de Estudos Judiciários. Brasília: CJF, p. 29, 2001.
(179) AMORIM, Lúcio Pires de. *Op. cit.*, p. 44/45.
(180) CALSING, Maria de Assis. *Distinção entre a imunidade de jurisdição de estado estrangeiro e das organizações internacionais em matéria trabalhista*. Disponível em: <http://www.cedi.org.br> Acesso em: 21.5.2003.

cionais. Considerando-se a média de 41.000 (quarenta e um mil) novas ações por ano recebidas pelas Varas do Trabalho, tem-se que as apresentadas contra Estados estrangeiros e/ou organizações internacionais representam 0,07% do total de ações propostas[181]. (CALSING, 2000)

Ressalta a magistrada, ademais, que "das 383 ações que deram entrada no período levantado, 350 foram propostas contra Estados estrangeiros e 33 contra organizações internacionais. Em termos de resultados quanto às ações propostas, é interessante notar que, embora na grande maioria dos casos, o pedido tenha sido julgado procedente em parte (41,0%), há um número elevado de acordos homologados, num total de 125 casos, o que representa 32,6% de todas as ações propostas". Eis o quadro apresentado por Calsing (2000)[182]:

Ações contra Estados estrangeiros e/ou Organizações Internacionais na Justiça do Trabalho da 10ª Região. Período: 1990 a 2001

Ações Resultado	Estados estrangeiros		Organizações internacionais		Total	
	Ns. absolutos	%	Ns. absolutos	%	Ns. absolutos	%
Arquivado	50	14,3	2	6,1	52	13,6
Acordo homologado	115	32,8	10	30,3	125	32,6
Procedente	15	4,3	3	9,1	18	4,7
Procedente em parte	146	41,7	11	33,3	157	41,0
Improcedente	24	6,9	7	21,2	31	8,1
Total	350	100,0	33	100,0	383	100,0

Fonte: Secretaria de Processamento de Dados/TRT da 10ª Região.

Infere-se, de tais dados, que o número de processos em que figuram como parte pessoas jurídicas de direito internacional público é relativamente pequeno. Contudo, tal conclusão não pode conduzir ao desprezo pelo estudo do tema, uma vez que traz implicações muito graves para a defesa dos direitos fundamentais do trabalho em país onde a cada dia mais se precariza a situação dos trabalhadores.

---
(181) CALSING, Maria de Assis. *Op. cit.*
(182) *Idem.*

Foi, aliás, tendo presentes essas contingências, que a Secretaria de Fiscalização do Trabalho — SEFIT, do Ministério do Trabalho, editou um Manual de direitos trabalhistas voltado para os Estados e organizações internacionais[183]. (MINISTÉRIO DO TRABALHO DO BRASIL, SEFIT, 1998) A cartilha traz informações com uma linguagem didática, de modo a permitir ao ente estrangeiro uma fácil compreensão dos direitos a que fazem jus os empregados brasileiros, *ex vi* da legislação nacional. Digna de encômios e louvores, por essas razões, a iniciativa da SEFIT[184].

É de se destacar, por fim, que, *de lege ferenda*, conviria ao legislador pátrio que voltasse os olhos para a necessidade de regulamentação da matéria, máxime das questões relativas ao processo de execução, em que pululam as mais tormentosas e atormentadoras controvérsias. Tem-se notícia de esforços que, nesse sentido, vêm sendo envidados pelo aludido SIND-NAÇÕES. O Sindicato já encaminhou à Consultoria Legislativa da Câmara dos Deputados estudos com a finalidade de alicerçar a elaboração de projeto de lei para disciplinar a imunidade de jurisdição, com ênfase no processo de execução. Embora já se tenha elaborado nota técnica da Consultoria Legislativa a respeito do tema, da lavra dos Consultores Débora Bithiah de Azevedo e Nilton Rodrigues da Paixão Júnior[185], não há registros oficiais de que referido projeto tenha sequer sido objeto de esboço.

◆ **4.4. CORRENTES TEÓRICAS ATUAIS**

As posturas teóricas diante do fenômeno da imunidade de jurisdição podem ser compiladas em três grupos, ou correntes, atualmente identificáveis: 1) dupla imunidade absoluta; 2) dupla imunidade parcialmente relativa; e 3) dupla imunidade relativa.

Em seguida, são delineados os fundamentos de tais posições e nominados os seus principais defensores.

---

(183) MINISTÉRIO DO TRABALHO DO BRASIL. SEFIT. Manual do Empregador Urbano para Embaixadas e Organismos Internacionais. Brasília: MTb, SEFIT, 1998.
(184) Digno de nota a cirscunstância de que também o Instituto Nacional do Seguro Social — INSS — se viu às voltas com a aflitiva situação dos empregados de Embaixadas e organizações internacionais, com o advento da Lei n. 9.976, de 26 de novembro de 1999, que incluiu na categoria dos empregados de Organismo oficial ou internacional ou estrangeiro em funcionamento no Brasil como segurados obrigatórios da Previdência Social brasileira, ressalvando a situação daqueles "cobertos por regime próprio de previdência social". Daí por que tenha, igualmente, editado manual dirigido sobretudo às missões diplomáticas, entitulado *O INSS e a Missão Diplomática*. MPAS — Ministério da Previdência e Assistência Social. O INSS e a Missão Diplomática. Brasília: MPAS, INSS, 1997.
(185) AZEVEDO, Débora Bithiah; PAIXÃO JÚNIOR, Nilton Rodrigues da. *Imunidade de jurisdição e imunidade de execução de entes de direito público externo*. Disponível em: <http://www.camara.gov.br/Internet/Diretoria/Conleg/Notas/012462.pdf>.

♦♦ 4.4.1. Dupla imunidade absoluta

Um dos representantes mais destacados dessa tese é Georgenor de Sousa Franco Filho (1998), para quem persiste a dupla imunidade em caráter absoluto, não obstante os novos rumos do direito internacional e doméstico. Pode ser assim resumida a doutrina de Franco Filho (1998, p. 161), no particular:

> A imunidade de jurisdição é absoluta, decorrente do princípio *par in parem non habet imperium*, e deve ser declarada de ofício, (...), dado que não há renúncia tácita, salvo nos casos expressamente enumerados nas convenções internacionais. Em se tratando de funcionários consulares e empregados consulares, a imunidade de jurisdição abrange tão só os atos oficiais, garantida, contudo, a sua inviolabilidade pessoal. Igualmente abrange os atos oficiais a imunidade conferida às organizações internacionais e às representações dos Estados-membros nesses organismos;
>
> A imunidade jurisdicional e, como corolário, a de execução, quanto a questões civis, como consagrado nas convenções internacionais, abrange, por igual, a trabalhista, dado que esta jurisdição está implícita naquela, da qual é historicamente oriunda;
>
> Só se pode falar em inimunidade jurisdicional quando há renúncia expressa que cabe ao Estado e não ao seu representante. A renúncia à imunidade de jurisdição não importa em renúncia à imunidade de execução, para a qual deve, necessariamente, haver nova renúncia (princípios da dupla imunidade e da dupla renúncia). Sem a renúncia à imunidade de execução, torna-se inexequível o julgado em face da impenhorabilidade dos bens dos entes de DIP, ressaltando-se que, quanto aos organismos internacionais, mesmo que haja renúncia à imunidade jurisdicional, não se podem praticar quaisquer medidas de execução, porque esta última é irrenunciável, donde, a essas organizações não se aplica o princípio da dupla renúncia (...).[(186)]

Como solução para o empregado que se vir a braços com litígio trabalhista contra ente de DIP, o autor sugere:

> O meio legal, e correto, para o nacional brasileiro, empregado de um ente de DIP, receber eventuais direitos trabalhistas é através

---

(186) FRANCO FILHO, Georgenor de Sousa. *Imunidade de jurisdição trabalhista dos entes de direito internacional público*. São Paulo: LTr, 1986. p. 161.

da via diplomática, único para tornar eficaz e garantido o cumprimento de seus direitos laborais. Ou, se preferir, constituir advogado no Estado que o contratou, ou perante o organismo internacional de que foi empregado, para fazer valer seus direitos.[187] (FRANCO FILHO, 1998, p. 1406).

No mesmo sentido da imunidade jurisdicional absoluta (no processo de conhecimento e no de execução, por conseguinte), se alinham, entre os autores pátrios pesquisados, Arnaldo Süssekind (1979)[188], Wagner Giglio (1991)[189], Jacob Dolinger (1982)[190], Zéu Palmeira Sobrinho (2000)[191], Luis Ivani de Amorim Araújo (1993)[192], C. A. Teixeira Paranhos (1983)[193], e o saudoso Ministro do Eg. Tribunal Superior do Trabalho Coqueijo Costa (1986)[194], o também Ministro do TST João Batista Brito Pereira (2002)[195], dentre outros.

♦♦ 4.4.2. Dupla imunidade parcialmente relativa

É a corrente que conta com a adesão da maioria absoluta dos doutrinadores, legisladores e juízes. Entende absoluta a prerrogativa da imunidade de jurisdição no processo de execução e relativa quanto ao processo de execução.

No Brasil, mesmo antes do advento da atual Constituição Federal, havia quem pugnasse a inexistência de imunidade jurisdicional em matéria trabalhista, ou de atos *iure gestiones*. Vicente José Malheiros da Fonseca (1982, p. 17) perfilha-se aos que assim pensavam, conforme ilustra o seguinte excerto:

---

(187) FRANCO FILHO, Georgenor de Sousa. Da competência internacional da justiça do trabalho. In: *Revista LTr*, v. 53, n. 12, São Paulo: LTr, p. 1406, dez. 1989.
(188) Cf. SÜSSEKIND, Arnaldo. *Conflito de leis do trabalho*. Rio de Janeiro: Freitas Bastos, 1979.
(189) Cf. GIGLIO, Wagner D. A imunidade de jurisdição. In: *Curso de direito constitucional do trabalho*. São Paulo: LTr, 1991.
(190) Cf. DOLINGER, Jacob. A imunidade jurisdicional dos estados. In: *Revista de Informação Legislativa*, Brasília, ano 19, n. 76, out./dez. 1982.
(191) Cf. SOBRINHO, Zéu Palmeira. A aplicação das normas trabalhistas no espaço. In: *Revista LTr*, 64-06/731, jun. 2000.
(192) Cf. ARAUJO, Luis Ivani de Amorim. A imunidade de jurisdição trabalhista e o art. 114 da Constituição. In: *Revista Forense*, v. 322; Tratados, convenções, atos internacionais, extradição e imunidade de jurisdição trabalhista na nova Constituição. In: *Revista Forense*, v. 304, abr./jun. 1993.
(193) Cf. PARANHOS, C. A. Teixeira. A imunidade de jurisdição dos organismos internacionais na visão do supremo tribunal federal. In: *Revista LTr*, v. 47, n. 9, set. 1983.
(194) Cf. COSTA, Coqueijo. Jurisdição e competência. In: *Jurisprudência Brasileira Trabalhista — JBT*, 20, 1986.
(195) Cf. PEREIRA, João Batista Brito. Estados estrangeiros e organismos internacionais. In: *Revista Jurídica Consulex*, ano VI, n. 126, 15 de abril de 2002.

O Estado estrangeiro, sobretudo se não se trata de ato de soberania, não goza de imunidade de jurisdição, que se diz decorrer de garantia amparada obsoleta ficção da extraterritorialidade, reservada apenas às pessoas dos agentes diplomáticos e consulares, com suas respectivas famílias, embora não em termos absolutos, e sim em casos restritos e específicos, inerentes ao intercâmbio representativo, conforme certos diplomas internacionais, notadamente as Convenções de Viena de 1961 e de 1963, ratificadas pelo Brasil.[196]

Como principal fundamento para sufragar esse entendimento, o então Juiz do trabalho invocava o direito de acesso à justiça:

> E não poderia ser de outro modo porque, em contrapartida, desde há muito que vigora no Brasil — pioneiro nesta matéria — o princípio de que a lei não pode excluir da apreciação do Poder Judiciário qualquer lesão de direito individual, arguida indistintamente por nacional ou estrangeiro.[197] (FONSECA, 1982, p. 17/18).

No tocante às questões laborais, em específico, o referido autor aludia ao caráter universal dos direitos do trabalhador, à doutrina social da Igreja, ao Código Bustamante, e ao princípio da norma mais favorável, para firmar a inimunidade em matéria trabalhista:

> Para as questões trabalhistas — causas especiais —, cuja problemática envolve o propósito e a mútua colaboração ("ciência dos sacrifícios", como ensina Pillet, citado por Gilda Maciel Corrêa Meyer Russomano) para a realização da justiça social, como fator essencial de paz e segurança, tendo por fundamento a dignidade do trabalho humano, valorizando-se, assim, a própria pessoa humana, o que é da preocupação permanente e universal de todos os povos, daí porque é princípio que transpõe fronteiras, conforme expressa e veemente manifestação contida em diversos compromissos e tratados internacionais, bem como nas mais respeitáveis doutrinas dos povos cultos, destacando-se, como exemplo recente, a magnífica Encíclica do Papa João Paulo II, intitulada *Laborem Exercens*, para as especiais questões trabalhistas (repita-se) não prevalece e nem se cogita de nenhuma imunidade de jurisdição. Muito pelo contrário, o art. 198 do Código Bustamante declara que é territorial a legislação sobre acidentes do trabalho e "proteção social do trabalhador".

---

(196) FONSECA, Vicente Malheiros da. Competência da justiça do trabalho. In: *Revista LTr*, v. 46, n. 1, p. 17, jan. 1982.
(197) FONSECA, Vicente Malheiros da. *Op. cit.*, p. 17/18.

(...)

Nesta altura vale argumentar com o princípio da norma mais favorável, consoante os ensinamentos de Plá Rodriguez e Gilda Russomano. E ainda pela facilidade do acesso ao foro de nosso País, sob pena de obrigar-se o trabalhador brasileiro a deslocar-se, com sacrifícios injustificáveis, ao estrangeiro, para reinvidicar o que julga ser seus direitos. Em última análise, isto se constituiria em real denegação de Justiça, considerando a natural dificuldade desse deslocamento, o que conflita com os princípios que inspiram o próprio Direito do Trabalho, tornando-se, assim, um contrassenso inaceitável, profundamente incompatível com o espírito de simpatia, harmonia e de tolerância internacionais.[198] (FONSECA, 1982, p. 18).

Remanesce contudo, para boa parte dos que defendem a relatividade da imunidade de jurisdição no processo de conhecimento, a tormentosa questão da impenhorabilidade dos bens pertencentes às pessoas jurídicas de Direito Internacional Público. É o que faz com que muitos acreditem tratar-se de vitória de Pirro para o empregado reclamante para o qual, ultrapassados os umbrais do processo de conhecimento, vê-se recluso antes de chegar ao de execução.

De um modo geral, como resposta a problema de tão custoso desenlace, costuma-se indicar a via diplomática.

O Ministro do TST João Oreste Dalazen (2002, p. 16) sugere a carta rogatória associada ao esforço diplomático:

Há que se respeitar, assim, a impenhorabilidade dos bens do Estado ou do organismo estrangeiro, conforme convenções internacionais ratificadas pelo Brasil. O caminho para a cobrança efetiva do crédito é a carta rogatória, acompanhada de gestões diplomáticas. Do contrário, desafortunadamente, a sentença condenatória valerá como mero parecer cultural.[199]

Silva (1998, p. 235/236) também segue na mesma linha, aludindo, contudo, à possibilidade de pagamento pelo Estado nacional (União) para impedir atrito com o Estado estrangeiro:

É certo que a constrição de bens do Estado estrangeiro pode afetar as boas relações internacionais, sugerindo-se, por isso, as vias diplomáticas para conseguir o cumprimento da decisão judicial e falando-se até em pagamento da condenação pelo Estado do

---

(198) FONSECA, Vicente Malheiros da. *Op. cit.*, p. 18.
(199) Cf. DALAZEN, João Oreste. A justiça do trabalho no Brasil e a soberania do estado estrangeiro. In: *Revista Jurídica Consulex*, ano VI, n. 126, p. 16, 15 de abril de 2002.

foro para evitar conflito com o Estado alienígena, que pode considerar a execução forçada contra ele ajuizada como um ato de hostilidade.[200]

Já Marcelo Freire Sampaio Costa (2000, p. 48) propõe que execução prossiga por meio de triangulação entre Tribunal Regional do Trabalho, Ministério das Relações Exteriores e Ministério da Justiça, nos seguintes termos:

> Na fase executória, caso o ente de direito público externo não se proponha a espontaneamente cumprir o conteúdo do julgado exarado pela jurisdição laboral, deve a execução prosseguir por intermédio de ofício expedido pelo Presidente do Tribunal Regional do Trabalho endereçado ao Ministério das Relações Exteriores, encaminhado através do Ministério da Justiça, solicitando ao ente alienígena que faça cumprir tal julgado.[201]

De todo modo, à vista de tais contigências, Francisco Rezek (1996, p. 180) observa que a "prática recente revela, de todo modo, que o Estado condenado no processo de conhecimento propende a não criar embaraços à execução"[202].

Entre os doutrinadores nacionais que defendem a tese da imunidade de jurisdição temperada ou relativa, podem ser mencionados, além dos já citados, Octavio Bueno Magano (1996)[203], Genésio Vivanco Solano Sobrinho (1977)[204], Manoel Jorge e Silva Neto (2002)[205], Sérgio Habib (2002)[206], Gerson de Britto Mello Boson (1972)[207], José Alberto Couto Maciel

---

(200) SILVA, Luiz de Pinho Pedreira. A concepção relativista das imunidades de jurisdição e execução do Estado estrangeiro. In: *Revista de Informação Legislativa*, Brasília, a. 35, n. 140, p. 235/236, out./dez. 1998.
(201) Cf. COSTA, Marcelo Freire Sampaio. Competência internacional da justiça do trabalho — algumas considerações. In: *Revista Síntese Trabalhista*, n. 135, p. 48, set. 2000.
(202) REZEK, J. Francisco. *Direito internacional público*. São Paulo: Saraiva, 1996. p. 180.
(203) Embora o doutrinador ofereça indicativos de que admite a relativização da imunidade tanto no processo de conhecimento como no de execução, por não fazê-lo explicitamente preferimos classificá-lo como sequaz da corrente da dupla imunidade parcialmente relativa. Cf. MAGANO, Octavio Bueno. Imunidade de jurisdição. In: *Revista Trabalho & Doutrina*, Saraiva: São Paulo, mar. 1996.
(204) O autor não versa sobre a imunidade de execução, de onde resulta inviável classificá-lo na última corrente da dupla imunidade relativa. Cf. SOBRINHO, Genésio Vivanco Solano. Dos empregados em consulados e a competência para dirimir os dissídios da relação de trabalho. In: *Revista TRT 9ª Reg.*, v. II, n. 1/77.
(205) Cf. SILVA NETO, Manoel Jorge. Imunidade de jurisdição e imunidade de execução. In: *Revista Jurídica Consulex*, ano VI, n. 126, 15 de abril de 2002.
(206) Habib tem em mira as imunidades em matéria criminal, mas suas observações são perfeitamente aplicáveis a questões trabalhistas. Cf. HABIB, Sérgio. Aspectos das imunidades diplomáticas e consulares e a jurisdição criminal. In: *Revista Jurídica Consulex*, ano VI, n. 126, 15 de abril de 2002.
(207) O doutrinador reporta-se a Lalive que propõe a inversão dos termos da fórmula da imunidade relativa: "tratar-se-ia, numa primeira etapa, de abandonar a máxima hoje usual: 'O Estado estrangeiro

(1980)[208], Evanna Soares (1991)[209], Júlio Marino de Carvalho (1991)[210], Guido Fernando Soares (2001)[211], Moema Faro (1979)[212], Maria de Assis Calsing (2000)[213], dentre outros.

◆◆ 4.4.3. DUPLA IMUNIDADE RELATIVA

Arion Sayão Romita é um dos poucos entre os que, em nosso país, propugnam a relativização também da imunidade de execução. De acordo com Romita (1996, p. 14):

> A imunidade de execução é também relativa e deve ser interpretada restritamente. Sem embargo de opiniões doutrinárias e de decisões judiciais em sentido contrário, a JT tem competência para praticar atos de constrição sobre bens de entes de direito público externo em determinadas circunstâncias. A penhora ou medida congênere pode recair sobre bens localizados no âmbito espacial da jurisdição brasileira, que sejam estranhos à própria representação diplomática ou consular, pois estes se acham acobertados pela inviolabilidade que lhes é assegurada pelas Convenções de Viena, de 1961 e 1963.
>
> Em caso de resistência insuperável oposta pelo ente de direito público externo, o cumprimento da sentença condenatória só pode ser logrado na prática por via amigável ou pelos trâmites diplomáticos.[214]

---

goza de imunidade jurisdicional, salvo quando pratica atos de gestão privada'. A fórmula seria doravante: 'O Estado estrangeiro não goza de imunidade jurisdicional, salvo quanto a certos atos de Poder Público'". Cf. BOSON, Gerson de Britto Mello. Imunidade jurisdicional dos estados. In: *Revista de Direito Público*, n. 22, Doutrina.
(208) Cf. MACIEL, José Alberto Couto. A imunidade de jurisdição frente aos direitos constitucionais trabalhistas. In: *Tendência do direito do trabalho contemporâneo*. São Paulo: LTr, 1980.
(209) Cf. SOARES, Evanna. A imunidade de jurisdição nos dissídios trabalhistas envolvendo entes de direito público externo. In: *Revista LTr*, v. 55, n. 12, dez. 1991.
(210) Cf. CARVALHO, Júlio Marino de. A renúncia de imunidades no direito internacional. In: *Revista dos Tribunais*, n. 674, dez. 1991.
(211) Cf. SOARES, Guido Fernando Silva. Imunidade de jurisdição: evolução e tendências. In: *Série Cadernos do CEJ*, v. 19, Imunidade soberana: o Estado estrangeiro diante do juiz nacional. Conselho da Justiça Federal. Centro de Estudos Judiciários. Brasília: CJF, 2001.
(212) Cf. FARO, Moema. A imunidade de jurisdição do estado estrangeiro no direito do trabalho. In: *Revista de Direito do Trabalho*, v. 4, n. 20/21, jul./out. 1979.
(213) Cf. CALSING, Maria de Assis. Imunidade de jurisdição de estado estrangeiro em matéria trabalhista. In: *Revista Síntese Trabalhista*, n. 137, nov. 2000.
(214) ROMITA, Arion Sayão. Entes de direito público externo. Aspectos da competência. In: *Revista Trabalho & Doutrina*, v. 8, p. 14, mar. 1996.

Silva (1998, p. 236) o acompanha, afirmando que "(...) atualmente, e mais especificamente no Brasil, a imunidade de execução do Estado estrangeiro é restrita, não alcançando as causas resultantes de atos estatais *jure gestionis* e não *jure imperii*, como as trabalhistas"[215].

Os autores são, contudo, voz isolada e seus pensamentos praticamente não encontram eco na doutrina e jurisprudência pátrias, tendo em vista o reconhecimento quase absoluto da impenhorabilidade dos bens de ente de DIP.

De todo modo, percebe-se, especialmente se considerados os posicionamentos dos vários países examinados na presente investigação (Itália, Estados Unidos, Suíça, entre outros), o estabelecimento de exceções ao que se afigura princípio geral de imunidade jurisdicional em processo de execução. Mencionam-se entre as situações que excepcionam a regra: a renúncia formulada pela pessoa jurídica internacional, a existência de bens não destinados ao exercício da soberania estrangeira (*v. g.*, destinados a atividades comerciais ou industriais), e o caso de recair a constrição judicial sobre o próprio bem objeto da ação ajuizada[216]. (SILVA, 1998)

O direito comparado dá indicativos de que os ventos da relativização da imunidade podem alcançar igualmente o processo de execução, consoante registra Silva (1998).

O Tribunal Federal Suíço, em 1956, em emblemático acórdão, findou por afastar a imunidade jurisdicional também em relação ao processo de execução, aos seguintes fundamentos:

> Desde o instante em que se admite que, em certos casos, um Estado estrangeiro pode ser parte perante os tribunais suíços num processo (...) é preciso admitir também que ele pode constituir objeto na Suíça de medidas apropriadas para assegurar a execução forçada do julgamento contra ele proferido. Senão esse julgamento seria desprovido do que é a essência mesma da sentença de um Tribunal, a saber que ela pode ser executada mesmo contra a vontade da parte condenada. Seria reduzida a um simples parecer.[217] (SILVA, 1998, p. 232).

Também a Corte de Apelação de Haia, em 28 de novembro de 1969, em caso de execução de sentença arbitral, manteve decisão de Tribunal de distrito que aplicou a tese da imunidade temperada. Entendeu a Corte: "(...) em nossa época uma tal imunidade absoluta dos estados não mais

---
(215) SILVA, Luiz de Pinho Pedreira. *Op. cit.*, p. 236.
(216) *Ibidem*, p. 234.
(217) *Ibidem*, p. 232.

pode ser considerada como uma regra de direito internacional. A regra que prevalece atualmente é mais restritiva (...)"[218]. (SILVA, 1998, p. 232/233)

Idêntica diretriz perfilhou a Corte Suprema dos Países Baixos, ao declarar, em exame de controvérsia em que se discutia a imunidade em execução: "(...) não havia regra de direito internacional proibindo qualquer forma de execução contra bens pertencentes a um Estado estrangeiro que se achassem no território de outro Estado"[219]. (SILVA, 1998, p. 232/233)

No mesmo viés, seguem as jurisprudências francesa e alemã. De acordo com a primeira, o critério essencial para autorizar a constrição é o de recair sobre bens não afetados às atividades públicas do Estado (consoante ilustra sentença da Corte de Cassação Francesa de 14 de março de 1984). A posição jurisprudencial germânica, de igual modo, é a de repelir a imunidade no processo de execução quando se tratar de bens não destinados ao exercício da soberania (conforme decisão do Tribunal Constitucional de 12 de abril de 1983)[220]. (SILVA, 1998)

Além dos já mencionados países, seguem a corrente da dupla imunidade relativa Itália, Holanda, Áustria, e Grécia, conforme ensina Rainer Frank[221]. (FRANK apud SILVA, 1998)

Por fim, revelam-se sobremaneira apropriadas as considerações de André Huet que, citado por Silva (1998, p. 233), lembra o cenário hodierno que anima a adoção da imunidade relativa igualmente no processo de execução e os riscos que decorrem da escolha da tese em sentido contrário:

> (...) a época não é mais aquela em que os Estados se encantonavam nas atividades de poder público; cada vez mais os Estados se imiscuem, por si mesmos ou pelos organismos que emanam mais ou menos diretamente deles (as "emanações do Estado"), nas engrenagens econômicas e realizam operações comerciais. Nestas condições, conceder ao Estado estrangeiro o benefício da imunidade de execução em todas as circunstâncias é permitir-lhe escapar ao cumprimento de seus compromissos comerciais e colocar-se acima das leis e, por via de consequência, a imunidade de execução afeta as relações econômicas internacionais de uma pesada insegurança e traz atentado à moral contratual.[222]

---

(218) SILVA, Luiz de Pinho Pedreira. *Op. cit.*, p. 232/233.
(219) *Ibidem*, p. 233.
(220) *Idem*.
(221) *Ibidem*, p. 233.
(222) *Apud idem*.

À luz do quanto exposto, o legislador pátrio, *de lege ferenda*, há de se sentir compelido a limitar a imunidade no processo de execução somente às medidas de constrição que recaírem sobre bens empregados para fins soberanos do ente estatal estrangeiro ou que possam comprometer o desempenho de as suas funções diplomáticas.

Sobreleva notar que o Tribunal Superior do Trabalho tem reconhecido, conforme se verá mais detidamente adiante, excepcionalmente, a possibilidade de adoção de meios constritivos em face de bens não afetados à missão diplomática, o que revela uma certa mitigação da imunidade na execução contra Estado estrangeiro[223].

---

(223) *Vide*, entre outros: TST- ROAG n. 17300-33.2008.5.23.0000, Data de julgamento: 12.5.2009, Relator Ministro: Ives Gandra Martins Filho, Subseção II Especializada em Dissídios Individuais, Data de publicação: DEJT 22.5.2009; e TST-AG-ROMS n. 16100-56.2005.5.10.0000, Data de julgamento: 27.2.2007, Relator Ministro: Ives Gandra Martins Filho, Subseção II Especializada em Dissídios Individuais, Data de publicação: DJ 9.3.2007.

5 IMUNIDADE DAS ORGANIZAÇÕES INTERNACIONAIS

No tocante às organizações internacionais, tendo em vista que sua prerrogativa de imunidade jurisdicional, as mais das vezes, encontra-se resguardada por convenções internacionais específicas, a observância de suas prerrogativas desvincula-se, em princípio, da raiz consuetudinária que suporta a imunidade estatal.

Em resposta ao questionamento em torno da possibilidade de uniformização na disciplina da imunidade de jurisdição relativamente a Estados e organizações internacionais, o Juiz da Corte Internacional de Justiça Francisco Rezek (2002), em palestra proferida acerca do tema, assim entende, invocando o tirocínio do professor Ritter:

> Eu penso que não e lhes explico o porquê. Um dos mais lúcidos analistas do fenômeno organizacional no século XX foi o professor Paul Ritter, da Academia de Paris. Ele lembrava a antiguidade do Estado e o caráter tão recente, tão novo das organizações internacionais e dizia que, no caso dos Estados soberanos, há desigualdades quantitativas. Não há confronto possível entre a dimensão da Rússia ou do Brasil e a de tantas pequenas Repúblicas insulares no Pacífico. Não há confronto possível entre o Orçamento dos Estados Unidos da América e o de um estado africano. Não há confronto possível entre o poder de barganha de determinadas potências e a redução quase que à mudez absoluta e inevitável de tantos outros Estados. Mas há uma essencial igualdade qualitativa. Ou seja, o propósito de todos os Estados é, em termos teóricos, o mesmo: realizar a felicidade geral de uma

comunidade humana estabelecida sob o seu território, valendo-se para isso de todos os meios lícitos.

No caso das organizações internacionais — lembrava o professor Ritter — a desigualdade é a regra. Ela é quantitativa, mas é também qualitativa. Há desigualdades orçamentárias, há desigualdades no tamanho da organização, por conta do número de membros, mas há, sobretudo, uma fundamental desigualdade naquilo que ela significa, naquilo a que elas se propõem. Há um contraste brutal entre a ambição de uma Organização das Nações Unidas, que pretende assegurar a paz e a segurança internacionais e, ao mesmo tempo, favorecer o desenvolvimento econômico, e propósitos modestíssimos como o da Organização Postal Universal e de outras regionais ainda mais discretas naquilo a que se propõem. Não há entre as organizações internacionais aquela igualdade qualitativa, teórica sequer, que existe entre os Estados. Elas se definem pelo propósito que têm, por aquilo que tencionam realizar. E há colossais diferenças na dimensão desses propósitos.[224]

Diante dessas razões, conclui Rezek (2002) que a matéria deva ser regulada pelos textos convencionais. Portanto, ao examinarem a questão, os juízes deveriam ter presentes as cláusulas estabelecidas nos acordos internacionais firmados com as organizações internacionais. Lembra que o país deve honrar os compromissos firmados, no particular:

> Não há, por força de nenhuma regra geral, privilégio algum para as organizações. Elas, sobretudo quando tenham o Brasil como Estado-parte e tenham se estabelecido com a perfeita concordância e o desejo mesmo do Estado brasileiro em nosso território, hão de ver honrados pelo poder público, pela Justiça em particular, os termos dos respectivos compromissos. Não há falar em que é dado ao juiz ignorar esses compromissos, fazer analogias com o abandono da imunidade absoluta pelo Supremo, porque, naquele caso, o que se estava dizendo é que uma regra costumeira não existe mais e, neste caso, não falamos de regras costumeiras, mas de compromissos convencionais escritos e perfeitamente precisos nos seus efeitos.[225] (REZEK, 2002).

---

(224) REZEK Francisco. *Imunidade das organizações internacionais no século XXI*. Disponível em: <http://www.cedi.org.br/Eventos/imunidade/palestraspdf/profrezek.pdf>.
(225) *Idem.*

Recorda o autor que, conquanto possa se dar de modo diverso, os pactos convencionais, sobretudo os celebrados pelo Brasil, costumam estabelecer a imunidade de jurisdição nos moldes da imunidade pessoal concedida aos agentes diplomáticos:

> Quanto ao conteúdo mesmo desses preceitos convencionais, ele costuma ser bastante uniforme. Ou seja, são poucas — e é bom que sejam poucas — as organizações internacionais representadas no território brasileiro. Mas com elas, de um modo quase que generalizado, temos compromissos consacratórios da imunidade não só dos agentes da organização em termos inspirados no direito diplomático, mas também e sobretudo da própria organização, ficando seus bens cobertos pela inviolabilidade.[226] (REZEK, 2002).

De fato, nesse aspecto, é de se observar as mais das vezes, os acordos-sede, entre outras prerrogativas. É o que se constata, entre inúmeros outros casos, com o Decreto n. 5.128/2004, que promulgou o Acordo de Sede entre o Governo da República Federativa do Brasil e a Organização dos Estados Ibero-Americanos para a Educação, a Ciência e a Cultura (OEI), celebrado em Brasília, em 30 de janeiro de 2002. Embora reconheça, em seu art. 10 que "o pessoal local estará sujeito à legislação trabalhista e de previdência social da República Federativa do Brasil", prevê, explicitamente a imunidade em seu art. 9º, *in verbis*:

> A Organização e seus bens desfrutarão de imunidade de jurisdição e de execução no território da República Federativa do Brasil, exceto:
>
> a) em caso de renúncia expressa, através de seu Secretário-Geral, em um caso particular;
>
> b) no caso de uma ação civil interposta por terceiros, por danos, lesões ou morte originadas em acidente causado por veículo ou aeronave pertencente ou utilizado em nome da Organização;
>
> c) no caso de infração de trânsito envolvendo veículo pertencente a Organização ou utilizado por ela;
>
> d) no caso de uma contrademanda relacionada diretamente com ações iniciadas pela Organização; e
>
> e) no caso de atividades comerciais da Organização.

---

(226) REZEK, Francisco. *Op. cit.*

Por fim, em atenção às particularidades que marcam as organizações internacionais em contraste com os Estados, assenta Rezek (2002):

> (...) as organizações internacionais podem ser tratadas de modo diversificado por aquilo que no início salientei: elas atendem a finalidades várias, de dimensões várias e não é nem possível, nem desejável que se estabeleça para elas um parâmetro como aquele dos Estados, qual se elas fossem caracterizadas pela igualdade qualitativa. Elas são desiguais e hão de submeter-se a regimes diferenciados, porque essas diferenças têm a ver com as organizações internacionais, mesmo se as consideramos em sentido o mais estrito, mesmo se consideramos as organizações internacionais dotadas de personalidade jurídica, intergovernamentais e não resvalamos para figuras variantes, como personalidades jurídicas de direito interno, do gênero do Comitê Internacional da Cruz Vermelha, entidades que não têm personalidade, como era o caso do antigo GATT, o Acordo Geral sobre Tarifas e Comércio, que era apenas um tratado, cujo funcionamento extremamente aparatoso e exuberante produzia no observador a ilusão de uma personalidade que, entretanto, era inexistente. Não. Mesmo no domínio estrito das organizações internacionais. O número supera 400, por aí, as finalidades e os fins utilitários são algo radicalmente diverso. E, à luz dessa variedade, Estados convencionam ou deixam de convencionar acordos que lhes dão o privilégio inspirado nas imunidades diplomáticas.[227]

No mesmo sentido, o ministro João Batista Brito Pereira (2002, p. 15), a respeito do contraste no tratamento dispensado a Estados e organizações internacionais, observa:

> Conquanto possa causar estranheza o fato de se estar flexibilizando a soberania dos Estados (para adotar uma expressão atual), com a adoção imunidade relativa, e por outro lado, em relação aos organismos internacionais, que da mesma forma contratam — atuando *more privatorum* —, ainda se lhes reconhece a imunidade absoluta de jurisdição, explica-se, a par dos argumentos já aduzidos, por analogia, em que os Estados soberanos, nesse quadro internacional, são vistos como indivíduos, e os organismos internacionais, a coletividade desses (Estados), cujo interesse coletivo deve-se fazer prevalecer sobre o individual.[228]

---

(227) REZEK Francisco. *Op. cit.*
(228) PEREIRA, João Batista Brito. Estados estrangeiros e organismos internacionais. In: *Revista Jurídica Consulex*, ano VI, n. 126, p. 15, 15 de abril de 2002.

De acordo com essa tese, por conseguinte, as organizações internacionais gozarão imunidade em virtude do que se houve por bem determinar em seus tratados fundacionais, ou acordos-sede.

Nesse sentido, é emblemático o precedente da Corte Europeia de Justiça, que em fevereiro de 1999, ao examinar o caso *Waite and Kennedy v. Germany*, assentou:

> (...)
>
> 63. Like the Commission, the Court points out that the attribution of privileges and immunities to international organisations is an essential means of ensuring the proper functioning of such organisations free from unilateral interference by individual governments. The immunity from jurisdiction commonly accorded by States to international organisations under the organisations' constituent instruments or supplementary agreements is a long-standing practice established in the interest of the good working of these organisations. The importance of this practice is enhanced by a trend towards extending and strengthening international cooperation in all domains of modern society. Against this background, the Court finds that the rule of immunity from jurisdiction, which the German courts applied to ESA in the present case, has a legitimate objective. (European Court of Justice, Case of Waite and Kennedy V. Germany, Application n. 26.083/1994, Judgment, Strasbourg, 18 february 1999)[229]

A jurisprudência nacional, em um primeiro momento, contudo, não acolheu de forma pacífica tal diretriz.

Com efeito, a Eg. SbDI-1 do TST, quanto a Organismo Internacional, firmou, inicialmente, posicionamento no sentido de que a imunidade absoluta resultaria inadmissível ainda que se trate de organização internacional. Assim, nesse aspecto, conferia-se tratamento indistinto a estados estrangeiros e organizações internacionais. É o que se poderia colher dos seguintes julgados:

IMUNIDADE DE JURISDIÇÃO — ORGANISMO INTERNACIONAL — VIOLAÇÃO DO ART. 114 DA CONSTITUIÇÃO FEDERAL DE 1988. A Imunidade de Jurisdição não mais subsiste no panorama internacional, nem mesmo na tradicional jurisprudência de nossas Cortes, pelo menos de forma absoluta, porquanto é de se levar em conta a natureza do ato motivador da instauração do litígio; de modo que, se o Estado Estrangeiro atua em matéria de ordem estritamente privada, está a praticar atos de gestão, igualando--se, nesta condição, ao particular e desnudando-se dos privilégios conferidos ao ente público internacional. Do contrário, estar-se-ia colocando em risco a

---

(229) Disponível em: <http://wwwuser.gwdg.de/~ujvr/allgemein/02-SS-VV10a.htm>.

soberania do cumprimento dos princípios constitucionais, notadamente quando o ato praticado não se reveste de qualquer característica que justifique a inovação do princípio da Imunidade de Jurisdição. Embargos não conhecidos. (ERR-189280/95, DJ de 4.8.2000, Redator Designado Min. José Luiz Vasconcellos).

MANDADO DE SEGURANÇA. IMUNIDADE DE ESTADO ESTRANGEIRO. Não ha imunidade de jurisdição para o estado estrangeiro, em causa de natureza trabalhista.Recurso desprovido. (ROMS-98595, DJ de 3.2.1995, Relator Ministro Ney Doyle).

ORGANISMO INTERNACIONAL — ORGANIZAÇÃO DAS NAÇÕES UNIDAS (ONU) — PROGRAMA DAS NAÇÕES UNIDAS PARA O DESENVOLVIMENTO (PNUD) — IMUNIDADE DE JURISDIÇÃO RELATIVA. 1. É pacífica a jurisprudência desta Corte, em seguimento à orientação do STF, no sentido de que os Estados estrangeiros e os organismos internacionais, indistintamente, gozam de imunidade de jurisdição na fase de conhecimento. Sinale-se que na fase de execução a jurisprudência do TST e do STF tem abrandado o princípio da imunidade absoluta, no sentido de que a imunidade de jurisdição dos entes de direito público externo, quando se tratar de litígios trabalhistas, revestir-se-á de caráter meramente relativo e, em consequência, não impedirá que os juízes e Tribunais brasileiros conheçam de tais controvérsias e sobre elas exerçam o poder jurisdicional que lhes é inerente.

2. Na hipótese vertente, o Regional manteve a sentença que extinguiu o processo sem julgamento do mérito, nos termos do art. 267, IV, do CPC, por entender que a Reclamada, na qualidade de Organismo Internacional, não se equipara aos Estados estrangeiros e, ao contrário destes, goza de imunidade absoluta de jurisdição, por força das normas que integram o ordenamento jurídico pátrio, consubstanciadas pela Convenção sobre Privilégios e Imunidades das Nações Unidas, firmada pelo Brasil, e cuja observância foi determinada pelo Decreto n. 27.784/1950, bem como pelo Decreto n. 52.288/1963.

3. Desse modo, em face dos precedentes do TST e do STF, que conferem indistintamente aos Estados estrangeiros e aos organismos internacionais a imunidade de jurisdição relativa (e não absoluta), dá-se provimento ao recurso de revista para afastar a imunidade de jurisdição reconhecida à ONU, determinando o retorno dos autos à Vara do Trabalho de origem, para que prossiga no julgamento do feito, que se encontra na fase de conhecimento, como entender de direito.

Recurso de revista parcialmente conhecido e provido. (TST-E-ED-RR-52500-83.2003.5.10.0018 Data de julgamento: 29.11.2006, Relator Ministro: Ives Gandra Martins Filho, 4ª Turma, Data de publicação: DJ 9.2.2007).

O Ministro João Oreste Dalazen em Vista Regimental sobre a matéria, em processo em que figurava como parte o Centro Pan Americano de Febre Aftosa salientou, a propósito:

Ressalte-se, (...), que os aludidos decretos, consoante se ressaltou, ostentam a natureza de lei em sentido material. Não podem, assim, prevalecer sobre a Constituição Federal, no que assegura, em seu art. 5º, XXXV, o direito público de ação. (AIRR-731925/2001.5, DJ de 26.4.2002, Relator Min. Wagner Pimenta).

Segundo esse raciocínio, portanto, tendo em vista o *status* normativo de decreto que ratifica tratado internacional, o qual equipara-se à lei em sentido material, a imunidade eventualmente prevista em acordo-sede não poderia sobrepor-se ao direito público de ação previsto constitucionalmente, sob pena de configurar inconstitucionalidade.

O E. STF, contudo, já desde o final da década de 1980, parecia inclinar-se em outra direção, ao que se depreende do seguinte julgado:

RECLAMAÇÃO TRABALHISTA. IMUNIDADE DE JURISDIÇÃO DE QUE DESFRUTA A ORGANIZAÇÃO DE AVIAÇÃO CIVIL INTERNACIONAL (ART. 267, INCISO IV, DO CÓDIGO DE PROCESSO CIVIL). Organismo internacional vinculado à ONU, da qual faz parte o Brasil. Convenção sobre privilégios e imunidades das agências especializadas. Legítima é a alegação de imunidade de jurisdicão. Apelação a que se nega provimento. (ACI n. 9703/SP, Relator Min. Djaci Falcão, DJ de 27.10.1989).

Mais recentemente, em ação rescisória em reclamação trabalhista envolvendo o Programa da Nações Unidas Unidas para o Desenvolvimento (PNUD), o voto da lavra da Ministra Ellen Gracie no RE n. 578543/MT propôs a rescisão de decisão que rejeitara preliminar de imunidade de jurisdição, tendo em vista sobretudo o desrespeito ao "teor de tratados internacionais celebrados pelo Brasil que asseguram a imunidade de jurisdição e de execução" da entidade internacional. É o que noticia o Informativo n. 545 do STF, de 4 a 8 de maio de 2009:

Reclamação Trabalhista contra a ONU/PNUD: Imunidade de Jurisdição e Execução — 1. O Tribunal iniciou julgamento conjunto de recursos extraordinários interpostos pela Organização das Nações Unidas — ONU, por seu Programa para o Desenvolvimento — PNUD, e pela União nos quais se analisa a existência, ou não, de imunidade de jurisdição e de execução para as organizações internacionais. Na espécie, o juízo da 1ª Vara Federal do Trabalho de Cuiabá-MT, afastando a imunidade de jurisdição expressamente invocada pela ONU/PNUD, com base, dentre outros, na Seção 2 da Convenção sobre Privilégios e Imunidades das Nações Unidas, promulgada pelo Decreto n. 27.784/1950, julgara procedente reclamação trabalhista contra ela ajuizada pelo ora recorrido — que para ela trabalhara em projeto desenvolvido no Estado do Mato Grosso — PRODEAGRO, na função de monitor técnico de licitações —, condenando-a ao pagamento de diversas verbas trabalhistas. A sentença, entretanto, reconhecera a imunidade de execução da reclamada e a necessidade da renúncia expressa para o seu afastamento. Interposto recurso ordinário pelo reclamante, o TRT da 23ª Região ratificara o entendimento pela inexistência de imunidade de jurisdição em causas trabalhistas e ainda afastara a imunidade à execução do julgado. Após o trânsito em julgado dessa decisão e o início da fase executória, a ONU/PNUD ajuizara ação rescisória perante aquela Corte regional, com fundamento no art. 485, V, do CPC, sustentando violação literal ao disposto na aludida Convenção. O pedido rescisório fora julgado improcedente, o que ensejara a interposição de recurso ordinário. Os apelos extremos impugnam o acórdão do TST que negara provimento a esse recurso ordinário, ao fundamento de que a Justiça do Trabalho, nos termos do que previsto no art. 114 da CF, seria competente para processar e julgar demandas envolvendo organismos internacionais, decorrentes de qualquer relação de trabalho. Alega a ONU/PNUD que a decisão recorrida ofende os arts. 5º, II, XXXV, LII e § 2º, e 114, *caput*, da CF, e declara a inconstitucionalidade da citada Convenção. Por sua vez, a União aponta afronta aos arts. 5º, LIV, § 2º, 49, I, 84, VIII, e 114, da CF.

Reclamação Trabalhista contra a ONU/PNUD: Imunidade de Jurisdição e Execução — 2. A Min. Ellen Gracie, relatora, conheceu em parte dos recursos, e, na parte conhecida, a eles deu provimento para, reconhecendo a afronta à literal disposição contida na Seção 2 da Convenção sobre Privilégios e Imunidades das Nações Unidas, julgar procedente o pleito formulado na ação rescisória, a fim de desconstituir o acórdão do TRT da 23ª Região e reconhecer a imunidade de jurisdição e de execução da ONU/PNUD. Entendeu, em síntese, que o acórdão recorrido ofende tanto o art. 114 quanto o art. 5º, § 2º, ambos da CF, já que confere interpretação extravagante ao primeiro, no sentido de que ele tem o condão de afastar toda e qualquer norma de imunidade de jurisdição acaso existente em matéria trabalhista, bem como despreza o teor de tratados internacionais celebrados pelo Brasil que asseguram a imunidade de jurisdição e de execução da recorrente. Após, o julgamento foi suspenso com o pedido de vista da Min. Cármen Lúcia. Leia o inteiro teor do voto da relatora no RE n. 578.543/MT na seção "Transcrições" deste Informativo. RE n. 578.543/MT, rel. Min. Ellen Gracie, 7.5.2009. (RE n. 578.543) RE 597368/MT, rel. Min. Ellen Gracie, 7.5.2009. (RE n. 597.368) (Informativo STF de 4 a 8 de maio de 2009 — n. 545).

Diante de tal precedente, o Tribunal Superior do Trabalho findou por seguir a mesma diretriz, em suas turmas e na SbDI-1. O primeiro julgamento que marcou essa guinada na jurisprudência foi o que ocorreu no Processo E-ED-RR n. 900/2004-019-10-00, em que, por apertada maioria[230], foi encampada a dupla imunidade das organizações internacionais, nos seguintes termos:

---

(230) Ficaram vencidos os Exmos. Ministros Carlos Alberto Reis de Paula, relator, João Batista Brito Pereira, Maria Cristina Irigoyen Peduzzi, Horácio Senna Pires, Rosa Maria Weber, Vantuil Abdala e João Oreste Dalazen.

EMBARGOS. INTIMAÇÃO DO ENTE PÚBLICO ANTES DA VIGÊNCIA DA LEI N. 11.496/2007. CIÊNCIA EM 24.8.2007. IMUNIDADE DE JURISDIÇÃO. ORGANISMOS INTERNACIONAIS. ONU/PNUD. 1. Diferentemente dos Estados estrangeiros, que atualmente têm a sua imunidade de jurisdição relativizada, segundo entendimento do próprio Supremo Tribunal Federal, os organismos internacionais permanecem, em regra, detentores do privilégio da imunidade absoluta.

2. Os organismos internacionais, ao contrário dos Estados, são associações disciplinadas, em suas relações, por normas escritas, consubstanciadas nos denominados tratados e/ou acordos de sede. Não têm, portanto, a sua imunidade de jurisdição pautada pela regra costumeira internacional, tradicionalmente aplicável aos Estados estrangeiros. Em relação a eles, segue-se a regra de que a imunidade de jurisdição rege-se pelo que se encontra efetivamente avençado nos referidos tratados de sede.

3. No caso específico da ONU, a imunidade de jurisdição, salvo se objeto de renúncia expressa, encontra-se plenamente assegurada na Convenção sobre Privilégios e Imunidades das Nações Unidas, também conhecida como Convenção de Londres, ratificada pelo Brasil por meio do Decreto n. 27.784/ 1950. Acresça-se que tal privilégio também se encontra garantido na Convenção sobre Privilégios e Imunidades das Agências Especializadas das Nações Unidas, que foi incorporada pelo Brasil por meio do Decreto n. 52.288/ 1963, bem como no Acordo Básico de Assistência Técnica com as Nações Unidas e suas Agências Especializadas, promulgado pelo Decreto n. 59.308/ 1966.

4. Assim, porque amparada em norma de cunho internacional, não podem os organismos, à guisa do que se verificou com os Estados estrangeiros, ter a sua imunidade de jurisdição relativizada, para o fim de submeterem-se à jurisdição local e responderem, em consequência, pelas obrigações contratuais assumidas, dentre elas as de origem trabalhista. Isso representaria, em última análise, a quebra de um pacto internacional, cuja inviolabilidade encontra-se constitucionalmente assegurada (art. 5º, § 2º, da CF/1988).

5. Embargos conhecidos, por violação ao art. 5º, § 2º, da Constituição Federal, e providos para, reconhecendo a imunidade absoluta de jurisdição da ONU/ PNUD, restabelecer o acórdão regional, no particular. (TST- E-ED-RR n. 900/ 2004-019-10-00, Redator Designado Min. Caputo Bastos, SbDI-1, DEJT de 4.12.2009).

Nas turmas, passou-se a observar o mesmo entendimento, consoante se pode constatar dos seguintes precedentes:

ORGANISMO INTERNACIONAL. IMUNIDADE DE JURISDIÇÃO. A controvérsia acerca da existência, ou não, de imunidade absoluta de jurisdição de organismos internacionais já foi superada diante do posicionamento da e.

SBDI-1 (TST-E-ED-RR n. 900/2004-019-10-00-9; Redator Designado Min. Guilherme Augusto Caputo Bastos, DEJT 4.12.2009), no sentido de que os organismos internacionais gozam de imunidade absoluta de jurisdição. Recurso de revista provido. (TST-RR n. 82241-29.2007.5.10.0019, Rel. Min. Horácio Raymundo de Senna Pires, 3ª Turma, Data de Publicação: DEJT 18.3.2011).

RECURSO DE REVISTA. ORGANISMO INTERNACIONAL. IMUNIDADE DE JURISDIÇÃO. Esta Corte superior, revendo posicionamento anteriormente adotado, ao apreciar os Embargos n. 900/2004-019-10-00.9, uniformizou o entendimento acerca da imunidade de jurisdição dos organismos internacionais, deixando assentado que esses gozam de imunidade absoluta, pois, diferentemente dos Estados estrangeiros, a imunidade de jurisdição não encontra amparo na praxe internacional. Decorre, sim, de expressa previsão em norma internacional, de sorte que sua inobservância representaria, em última análise, a quebra de um pacto internacional. Além disso, consignou ser inviável a relativização da imunidade dos organismos internacionais com base no critério adotado em relação aos Estados estrangeiros pautado na distinção entre atos de império e de gestão, pois esses entes, por não serem detentores de soberania, elemento típico dos Estados, nem sequer são capazes de praticar atos de império. Recurso de revista conhecido e provido. (TST-RR n. 63440-83.2007.5.10.0013, Rel. Min. José Roberto Freire Pimenta, 2ª Turma, Data de Publicação: DEJT 18.3.2011).

RECURSO DE REVISTA. IMUNIDADE DE JURISDIÇÃO. ORGANISMO INTERNACIONAL. ONU/PNUD. A SBDI-1 desta Corte, no julgamento do E-ED-RR n. 900/2004-019-10-00.9, em sessão realizada no dia 3.9.2009, reconheceu a imunidade de jurisdição e execução em relação aos organismos internacionais, desde que haja norma internacional nesse sentido, em que o Brasil seja signatário, como é o caso dos autos, na qual a Convenção sobre Privilégios e Imunidades das Nações Unidas (Convenção de Londres) prevê, na Seção II do art. 2º, que a Organização das Nações Unidas (ONU) goza de imunidade de jurisdição, salvo a hipótese de renúncia, tendo sido a respectiva norma ratificada por meio do Decreto n. 27.784/1950, recepcionado pela Constituição Federal de 1988. Dessa forma, revejo posicionamento anterior e adoto o novo entendimento firmado pela SBDI-1 desta Corte, segundo o qual a imunidade dos Organismos Internacionais não se restringe ao processo de execução, alcançando o processo de conhecimento, com respaldo no art. 5º, § 2º, da Constituição Federal. Precedentes desta Corte. Recurso de revista que se dá provimento. (TST-RR n. 98240-35.2005.5.10.0005, Rel. Min. Kátia Magalhães Arruda, 5ª Turma, Data de Publicação: DEJT 18.3.2011).

Recurso de Revista do Organismo Internacional (IICA-OEA).

IMUNIDADE DE JURISDIÇÃO. RECONHECIMENTO DO TRATADO INTERNACIONAL INSERIDO NO ORDENAMENTO JURÍDICO. Fonte de

Direito Internacional o tratado nasce no ordenamento jurídico pela manifestação autônoma e soberana dos sujeitos que o celebram. É pela ratificação que o tratado passa a integrar o direito interno, depois de aprovado pelo Congresso Nacional. A autoridade do tratado apenas é mitigada, por entendimento ainda não pacificado, quando ingressa no ordenamento jurídico norma legal de direito interno, que revogue o seu conteúdo. Os fundamentos que nortearam o rompimento com a imunidade absoluta de jurisdição não podem ser aplicados, nem por analogia, aos organismos internacionais. A análise da origem Estado estrangeiro x organismo internacional, em face do alcance da imunidadede jurisdição, deve ter como norte os princípios de direito internacional, em especial os relativos à reciprocidade e à natureza da constituição do privilégio. Quanto ao primeiro, a imunidadede jurisdição funda-se no costume e, quanto ao segundo, a imunidade funda-se no tratado internacional de que o Brasil, em sendo signatário, pela ratificação, tem inserido no ordenamento jurídico interno e não pode descumprir. Deve ser reformado o entendimento do eg. TRT *a quo* que relativizou a imunidade de jurisdição do organismo internacional, em face do mandamento constitucional inserido no art. 5º, § 2º, da Constituição Federal, que prevê, no capítulo relativos aos direitos fundamentais, o reconhecimento do tratado internacional. Recurso de revista conhecido e provido. (TST-RR n. 111940-53.2006.5.10.0002 Data de Julgamento: 16.2.2011, Relator Ministro: Aloysio Corrêa da Veiga, 6ª Turma, Data de Publicação: DEJT 25.2.2011).

IMUNIDADE DE JURISDIÇÃO. ORGANIZAÇÃO INTERNACIONAL. As organizações ou organismos internacionais não se equiparam ou se assemelham ao Estado estrangeiro em relação à imunidade de jurisdição porque, quando se estabelecem em determinado país, pactuam regras próprias (tratado de sede). Havendo norma escrita prevendo a imunidadeda organização internacional, não se pode dizer que para elas não mais vige o costume internacional que conferia imunidade ao Estado. Recurso de Revista conhecido e provido. (TST-RR n. 118640-84.2006.5.15.0138 Data de Julgamento: 7.4.2010, Relatora Ministra: Maria de Assis Calsing, 4ª Turma, Data de Publicação: DEJT 16.4.2010).

No entanto, mister salientar que, enquanto a SbDI-1 e as turmas do TST tenham absolutizado a imunidade jurisdicional das organizações internacionais, a SbDI-2 mantém posição em sentido contrário, em caso emblemático em que o ente estrangeiro descartou até mesmo a mediação diplomática para compor a lide trabalhista:

I) ORGANISMO INTERNACIONAL — IMUNIDADE RELATIVA NO PROCESSO DE EXECUÇÃO — PENHORA DE NUMERÁRIO EXISTENTE NA CONTA CORRENTE DO INSTITUTO INTERAMERICANO DE COOPERAÇÃO PARA A AGRICULTURA (IICA). 1. Trata-se de mandado de segurança impetrado pelo Reclamado (Instituto Interamericano de Cooperação para a Agricultura — IICA), com pedido liminar, contra ato praticado pelo juízo da execução, em sede de execução definitiva, que determinou o bloqueio de numerário existente em sua conta corrente via BacenJud.

2. O Impetrante visa ao reconhecimento da imunidade absoluta (e não relativa), no processo de execução, dos entes de direito público externo, por entender que tal imunidade não comporta exceção, impedindo a constrição de qualquer de seus bens e haveres, nos termos do art. 2º do Acordo Básico entre o Governo da República Federativa do Brasil e o Impetrante sobre privilégios e imunidades e relações institucionais, não podendo tal dispositivo ser desconsiderado pelo Poder Judiciário.

3. De plano, ressalte-se que a jurisprudência do TST e do STF tem abrandado o vetusto princípio da imunidade absoluta no processo de execução, capitaneada pelo voto do eminente Ministro Celso de Mello, da Suprema Corte, no sentido de que a imunidade de jurisdição do Estado estrangeiro, quando se tratar de litígios trabalhistas, revestir-se-á de caráter meramente relativo e, em consequência, não impedirá que os juízes e Tribunais brasileiros conheçam de tais controvérsias e sobre elas exerçam o poder jurisdicional que lhes é inerente, pelos seguintes fundamentos: a) o novo quadro normativo que se delineou no plano do direito internacional, e também no âmbito do direito comparado, permitiu — ante a realidade do sistema de direito positivo dele emergente — que se construísse a teoria da imunidade jurisdicional relativa dos Estados soberanos, tendo-se presente, para esse específico efeito, a natureza do ato motivador da instauração da causa em juízo, de tal modo que deixa de prevalecer, ainda que excepcionalmente, a prerrogativa institucional da imunidade de jurisdição, sempre que o Estado estrangeiro, atuando em matéria de ordem estritamente privada, intervier em domínio estranho àquele em que se praticam os atos *jure imperii*; b) a teoria da imunidade limitada ou restrita objetiva institucionalizar solução jurídica que concilie o postulado básico da imunidade jurisdicional do Estado estrangeiro com a necessidade de fazer prevalecer, por decisão do Tribunal do foro, o legítimo direito do particular ao ressarcimento dos prejuízos que venha a sofrer em decorrência de comportamento imputável a agentes diplomáticos, que, agindo ilicitamente, tenham atuado *more privatorum* em nome do País que representam perante o Estado acreditado (o Brasil, no caso); c) não se revela viável impor aos súditos brasileiros, ou a pessoas com domicílio no território nacional, o ônus de litigarem, em torno de questões meramente laborais, mercantis, empresariais ou civis, perante tribunais estrangeiros, desde que o fato gerador da controvérsia judicial — necessariamente estranho ao específico domínio dos *acta jure imperii* — tenha decorrido da estrita atuação *more privatorum* do Estado estrangeiro.

4. Desse modo, em face dos precedentes do TST e do STF, é de se reconhecer a imunidade relativa (e não absoluta) da lide executória, em relação aos entes de direito público externo.

II) FORMA DE EXECUÇÃO. 1. *In casu*, verifica-se que o juízo da execução determinou a expedição de carta precatória para citar o Impetrante para pagar a importância executada, tendo o juízo deprecante determinado a expedição de mandado de citação, a ser encaminhado por intermédio do Ministério das Relações Exteriores. Entretanto, o Impetrante tão somente insiste na sua imunidade absoluta, sustentando que a constrição de qualquer bem pertencente ao seu patrimônio caracterizaria ato atentatório das relações internacionais, mas não indicou nenhum bem passível de penhora, nem mostrou qualquer interesse em negociar o montante e a forma de pagamento pela via diplomática.

2. Nesse sentido, considerando a imunidade relativa do Reclamado na lide executória e a não indicação de bens à penhora, mostra-se correto o bloqueio de numerário via BacenJud para satisfazer o crédito exequendo.

Recurso ordinário desprovido. (TST-ROAG n. 17300-33.2008.5.23.0000, Data de julgamento: 12.5.2009, Relator Ministro: Ives Gandra Martins Filho, Subseção II Especializada em Dissídios Individuais, Data de publicação: DEJT 22.5.2009).

Tal postura do SBDI-2 do TST deve ser reconsiderada, ante a edição da nova Orientação Jurisprudencial n. 416, da SBDI-1, publicada no Diário Eletrônico de 14.2.2012 e cujo teor é o seguinte:

IMUNIDADE DE JURISDIÇÃO. ORGANIZAÇÃO OU ORGANISMO INTERNACIONAL.

As organizações ou organismos internacionais gozam de imunidade absoluta de jurisdição quando amparados por norma internacional incorporada ao ordenamento jurídico brasileiro, não se lhes aplicando a regra do Direito Consuetudinário relativa à natureza dos atos praticados. Excepcionalmente, prevalecerá a jurisdição brasileira na hipótese de renúncia expressa à cláusula de imunidade jurisdicional. (Disponível em: <www.tst.jus.br>).

Registre-se, por fim, que no segundo grau, há ainda decisões refratárias ao atual entendimento da SBDI-1 e turmas do TST e do STF, conforme ilustram os seguintes julgados do Tribunal Regional do Trabalho da 10ª Região:

ORGANISMO INTERNACIONAL. IMUNIDADE DE JURISDIÇÃO RELATIVA. No Direito Internacional, há muito ruiu a regra consuetudinária da imunidade de jurisdição absoluta dos Estados Estrangeiros. Tais garantias e privilégios foram concedidos às figuras supervenientes justamente por equiparação aos Estados Estrangeiros. A origem comum não permite tratamento diferenciado, excetuando-se um dos entes da evolução no contexto internacional. Em respeito ao princípio da reciprocidade, não há imunidade de jurisdição para Organismo Internacional, em processo de conhecimento trabalhista, quando este ente não promove a adoção de meios adequados para solução das controvérsias resultantes dos contratos com particulares, nos exatos termos da obrigação imposta pelo artigo VIII, Seção 29, da Convenção de Privilégios e Imunidades das Nações Unidas (verbete n. 17/2005/TRT 10ª Região). Recurso conhecido e ao qual se defere provimento. (TRT10-RO n. 00429-2008-005-10-00-0, Rel. Des. Mario Macedo Fernandes Caron, 2ª Turma, Publicação 17.12.2010).

IMUNIDADE DE JURISDIÇÃO. ORGANISMO INTERNACIONAL. MATÉRIA TRABALHISTA. INEXISTÊNCIA. PRINCÍPIO DA RECIPROCIDADE. Em respeito ao princípio da reciprocidade, não há imunidade de jurisdição para Organismo Internacional, em processo de conhecimento trabalhista, quando este ente não promove a adoção de meios adequados para solução das controvérsias resultantes dos contratos com particulares, nos exatos termos da obrigação imposta pelo artigo VIII, Seção 29, da Convenção de Privilégios e Imunidades das Nações Unidas. (Verbete 17/2005 — Publicado no DJ-3 em 17.01.2006) 2. Recurso ordinário conhecido e desprovido. (TRT10-RO n. 00659-2009-011-10-00-1, Rel. Des. Ribamar Lima Junior, 2ª Turma, Publicação 12.2.2010).

IMUNIDADE DE JURISDIÇÃO. ORGANISMO INTERNACIONAL. MATÉRIA TRABALHISTA. INEXISTÊNCIA. PRINCÍPIO DA RECIPROCIDADE. Em respeito ao princípio da reciprocidade, não há imunidade de jurisdição para Organismo Internacional, em processo de conhecimento trabalhista, quando este ente não promove a adoção de meios adequados para solução das controvérsias resultantes dos contratos com particulares, nos exatos termos da obrigação imposta pelo art. VIII, Seção 29, da Convenção de Privilégios e Imunidades das Nações Unidas. (TRT da 10ªRegião, Verbete n. 17/2005, in DJ de 13.3.2006, Seção 3, p. 7). Ressalva de entendimento da Desembargadora Relatora. Recurso ordinário conhecido e provido. (TRT10-RO n. 00921-2009-014-10-00-7, Rel. Des. Márcia Mazoni Cúrcio Ribeiro, 3ª Turma, Publicação. 20.8.2010).

6
IMUNIDADES DAS
REPRESENTAÇÕES COMERCIAIS

Georgenor de Sousa Franco Filho (1990, p. 62) argumenta que as representações comerciais de Estado estrangeiro equiparam-se aos próprios Estados que representam para efeito de imunidade jurisdicional. Assevera que, "integrando missão diplomática estrangeira acreditada no Brasil ou repartição consular de outro país, são entes de Direito Internacional Público, com prerrogativas idênticas a este último"[231].

Justifica Franco Filho (1990, p. 62) tal posicionamento aos seguintes fundamentos:

> Infere-se que não se trata de simples atividade comercial. Vai além. Trata-se de atividade de fomento do intercâmbio comercial entre dois Estados soberanos, e a atribuição, pela ampliação e complexidade das relações comerciais, a um órgão de direito público interno (do Estado que envia) e externo (pelo ângulo do Estado receptor). E, entre dois Estados soberanos, não pode haver interferência de uma jurisdição nacional, salvo aceitação expressa, quando o juiz nacional exercerá, na sua amplitude, sua competência internacional.[232]

Daí, prosseguindo o aludido doutrinador, conclui pela ampliação do papel do juiz nacional, a se seguir referida orientação:

> Ao advento desse acolhimento expresso, como que se amplia o papel do juiz nacional. O julgador, em condições que tais,

---

(231) FRANCO FILHO, Georgenor de Sousa. Representações comerciais de estado estrangeiro e a justiça do trabalho do Brasil. In: *Revista TRT da 8ª Reg.*, Belém, 23 (44): 55-63, p. 62, jan./jun. 1990.
(232) FRANCO FILHO, Georgenor de Sousa. *Op. cit.*, p. 62.

> apreciando ação que envolva Estado estrangeiro, mesmo que este esteja via uma representação comercial, atua verdadeiramente como o juiz internacional, devendo aplicar não apenas a norma interna, que, no caso brasileiro, é a Consolidação das Leis do Trabalho e a copiosa legislação extravagante que a complementa, senão também normas internacionais incorporadas ao ordenamento positivo interno e às quais está necessariamente jungido, a par de acordos bilaterais dispondo sobre certos privilégios que não podem ser olvidados. (FRANCO FILHO, 1998, p. 62).

A prevalecer, contudo, a diretriz sugerida pelo D. Magistrado do Trabalho, abrir-se-ia oportunidade para que todas as pessoas jurídicas estrangeiras pudessem arguir a imunidade jurisdicional. A levar às últimas consequências o raciocínio, que entes de direito internacional não teriam imunidade? Poder-se-ia advogar, inclusive, que mesmo as empresas multinacionais fariam jus à prerrogativa, dada a sua importância para os países que as sediam.

7 IMUNIDADES PESSOAIS

Seguem no presente capítulo algumas observações quanto às imunidades ditas pessoais, que se contrapõem às imunidades aqui denominadas institucionais. Às primeiras fazem jus, em tese, funcionários diplomáticos e agentes consulares, e às últimas, Estados, organizações internacionais e demais entes dotados de personalidade jurídica internacionais.

Para os efeitos da investigação que ora se procede, estudo acerca da máteria revela-se de interesse apenas marginal ou acessório, tendo em vista a circunstância de que no concernente à questão da imunidade de jurisdição em matéria trabalhista, despertam maiores perplexidades unicamente as relações jurídicas entre pessoa jurídica estrangeira e empregado nacional. Eventual contrato de prestação de serviços celebrado diretamente com diplomata ou servidor de consulado não traz maiores indagações acerca da induvidosa incidência da jurisdição nacional no exame de controvérsia de que aí porventura advenha, consoante se visualiza do seguinte julgado:

> EMPREGADA DOMÉSTICA — CONTRATAÇÃO — CÔNSUL — IMUNIDADES DE JURISDIÇÃO — AUSÊNCIA. Segundo o art. 43 da Convenção sobre as Relações Consulares, celebrada em Viena, em 1963, os cônsules e funcionários consulares gozam de imunidade de jurisdição apenas no tocante aos atos de ofício, dentre os quais não se inclui a contratação de empregada para prestar serviços domésticos na residência consular. Recurso ordinário não provido. (ROMS n. 341.103/1997, DJ de 12.11.1999, Relator Ministro Milton de Moura França).

Apenas a título de referência teórica é que, portanto, se procede a esse rápido estudo, que se justifica ante a constatação de que tais imunidades pessoais constituíram a fonte histórica das imunidades institucionais.

Conforme já assentado, o instituto da imunidade de jurisdição teve sua primeira expressão no conjunto de garantias concedidas àqueles a quem se delegava o mister de representar o governo de um país, ou os interesses deste, junto a outro governo. Na lição de Guido Soares (1994, p. 4):

> (...) as primeiras manifestações das imunidades foram aquelas atribuídas aos representantes dos soberanos estrangeiros, a serviço perante soberanos nacionais. Tanto os diplomatas *stricto sensu*, mandatários dos soberanos perante outro, quanto os representantes de cidadãos estrangeiros (e, posteriormente, de um Estado) perante outras cidades, ou seja, os cônsules, tiveram suas atividades regulamentadas, e sempre, cercadas com regalias e imunidades, no que respeita ao ordenamento jurídico local de um Estado, onde exerciam suas funções. Tais privilégios se estendiam aos familiares, empregados, aos lugares, documentos, arquivos, meios de transportes e comunicações (o correio diplomático) de propriedade ou uso das pessoas titulares de tais direitos, ou de propriedade dos soberanos que os enviavam. Numa época em que os soberanos muito dificilmente se dirigiam a viagens oficiais a outros países, tais imunidades, quando, nas raras vezes invocadas, o eram, com base nas qualidades personalíssimas das pessoas envolvidas e com supedâneo na mencionada regra do *par in parem non habet judicium*, de natureza costumeira.[233]

Estribadas, em um primeiro momento, nos usos e costumes internacionais, as regras sobre privilégios, prerrogativas e imunidades, tanto dos representantes diplomáticos, quanto dos funcionários de serviço consular, logo necessitaram, mais e mais, de uma formulação clara, por duas razões, consoante ensina Guido Soares (1984, p. 4):

> a) as necessidades de bem esclarecer os exatos contornos daqueles direitos concedidos aos representantes diplomáticos e consulares dos Estados estrangeiros, uma vez que representavam notáveis exceções ao exercício da soberania dos Estados que os acreditavam, seja no que respeita a lugares e bens móveis e imóveis sitos no seu território, seja no relativo a atos oficiais neles praticados por estrangeiros, funcionários de Estados estrangeiros e com os quais eram mantidas boas relações diplomáticas e consulares;
>
> b) a urgência em coibir abusos que representantes diplomáticos e consulares estrangeiros cometiam dentro do território dos

---

(233) SOARES, Guido Fernando Silva. Disponível em: <http://www.cedi.org.br/Eventos/imunidade/palestraspdf/profguido.pdf>, p. 4.

Estados, acobertados por aqueles privilégios e imunidades. Neste particular, os exemplos históricos eram conhecidos e recebiam um repúdio generalizado dos internacionalistas da época: embaixadores e cônsules estrangeiros, com verdadeiros exércitos nacionais postados nos territórios dos Estados onde acreditados, a título de proteção pessoal, existência mesmo de tribunais estranhos aos Poderes Judiciários locais, presididos por cônsules estrangeiros, para julgamento de causas em que seus nacionais eram partes, sobranceria desrespeitosa das leis e regulamentos locais, com o falso argumento de se tratar de comportamento de pessoas extraterritoriais, porque representantes de monarcas e governantes, pessoas essas acima das leis dos respectivos países.[234]

Até alcançar o atual estágio normativo, com as Convenções de Viena, aprovadas pelos países-membros da ONU, sobre Relações Diplomáticas[235], firmada em 18 de abril de 1961, e sobre Relações Consulares[236], subscrita em 24 de junho de 1963, as tentativas de codificação da matéria recuam ao início do século XIX.

◆ **7.1. Funcionários diplomáticos**

◆◆ **7.1.1. Histórico normativo**

As primeiras normas internacionais escritas sobre as imunidades e privilégios dos diplomatas foram o Regulamento de Viena de 1815 sobre a Ordem de Precedência dos Agentes Diplomáticos e seu Protocolo regulamentador em 1818, adotado no Congresso de Aix-la-Chapelle. Como bem assinala Guido Soares (1984, p. 5), graças a tais normas:

> Os privilégios e imunidades dos agentes diplomáticos foram submetidos à ideia fundamental de que se necessitavam regras claras sobre a atuação dos enviados de um Estado noutro, em particular, no que dizia respeito às suas propriedades em territórios de outros Estados e no caso das atividades de seus agentes diplomáticos.[237]

---

(234) SOARES, Guido Fernando Silva. Disponível em: <http://www.cedi.org.br/Eventos/imunidade/palestraspdf/profguido.pdf>, p. 4.
(235) *Vide* Anexo X.
(236) *Vide* Anexo XI.
(237) SOARES, Guido Fernando Silva. *Op. cit.*, p. 5.

No início do século XX, a antecessora da atual Organização dos Estados Americanos, a União Panamericana, por meio de sucessivas conferências, logrou elaborar uma série de tratados internacionais sobre normas de Direito Internacional Público, em ordem a regulamentar as relações dos países americanos. Quanto ao regramento das prerrogativas do corpo diplomático foi adotada em Havana, em 1928, a Convenção de Havana sobre Funcionários Diplomáticos, que, em conjunto com a Convenção de Havana sobre Funcionários Consulares, são consideradas "as primeiras normas de um *jus scriptum* moderno de regulamentação multilateral das atividades diplomáticas e consulares", no dizer de Guido Soares (1984)[238].

Já no início da década de 1960, no contexto do sistema das Nações Unidas, os Estados objetivaram êxito em negociar, em escala mundial, a criação de normas multilaterais sobre a questão das relações diplomáticas. Os esforços diplomáticos no seio da Assembleia Geral da ONU findaram por aprovar projetos elaborados pela Comissão de Direito Internacional. O processo culminou na aprovação em Viena, a 18 de abril de 1961, da já referida Convenção de Viena sobre Relações Diplomáticas[239].

♦♦ 7.1.2. Disciplina convencional hodierna

O Preâmbulo da Convenção inscreve como fundamento dos privilégios e imunidades conferidos aos funcionários diplomáticos, não mais a reverência ilimitada aos atributos personalíssimos do soberano, que se transmitiria aos seus agentes no exterior, mas, antes, o respeito à natureza das funções exercidas pelo funcionário estrangeiro. Consagrou-se, assim, a formulação de Vattel, já antes mencionada, contida na locução latina: *ne impediatur legatio* (a fim de que a missão não seja impedida).

A Convenção de Viena de 1961 define duas categorias de funcionários diplomáticos, em razão das relações de trabalho com o Estado estrangeiro acreditante: 1) empregados do Estado acreditante (art. 1º, *a* a *g*); e 2) empregados do serviço doméstico daqueles e que não sejam "empregados do Estado acreditante", denominados "criados particulares" (art. 1º, *h*).

Quanto às pessoas com vínculos de trabalho com do Estado acreditante e que estejam a seu serviço, denominam-se "membros do pessoal da Missão", e compreendem, como bem descreve Guido Soares (1984, p. 8/9):

> a) Pessoas na maioria dos casos, estrangeiras em relação ao Estado acreditado, da mesma nacionalidade do Estado acreditante, e com

---
(238) SOARES, Guido Fernando Silva.*Op. cit.*, p. 6.
(239) *Vide* Anexo X.

vínculos funcionais unicamente com o este Estado: trata-se do que a Convenção denomina "agente diplomático" e que compreende o chefe da Missão e os diplomatas (art. 1º al. *e*). Conquanto a Convenção não defina expressamente "diplomata", deixa a entender que tal qualificação é de exclusiva competência do Estado acreditante indicar, no momento em que informa ao Estado acreditado, da chegada de pessoa com tal qualidade;

b) pessoas nacionais do Estado acreditado ou estrangeiras, membros do pessoal da Missão, empregados no serviço administrativo e técnico da missão, denominados "membros do pessoal administrativo e técnico" (id. al. *f*); incluem tanto pessoas de alta confiança do Governo acreditante (como assessores e técnicos em aspectos da realidade nacional do Estado acreditante, criptógrafos, pessoal do serviço de telecomunicações, de malas diplomáticas e arquivistas), quanto pessoas que necessitam conhecer a língua e a realidade nacional do Estado acreditado (secretárias, intérpretes e tradutores, pessoas a serviço de secretaria como mensageiros, auxiliares de escritório);

c) pessoas nacionais ou estrangeiras, empregados no serviço doméstico da Missão, denominados "membros do pessoal de serviço" (*id*. al. *g*), como carpinteiros, vigilantes, motoristas, mordomos, faxineiros.[240]

Às retromencionadas categorias, recorreram, com as devidas adaptações, as Convenções multilaterais posteriores à Convenção de Viena de 1961[241], e que disciplinam imunidades em situações diversas das relações estritamente diplomáticas. Em verdade, como indica Guido Soares (1984, p. 9), em todas os outros documentos convencionais, "o conteúdo e as extensões dos privilégios e imunidades serão conferidos, tendo em vista a classificação das pessoas numa ou noutra categoria instituída, e ainda, dependendo ou não da nacionalidade e residência das mesmas e da natureza dos atos por elas praticados"[242].

Para os fins de concessão de imunidades, a Convenção de Viena sobre Relações Diplomáticas[243] estabelece as seguintes regras, distinguindo as situações dos empregados enquadrados nas categorias aludidas:

---

(240) SOARES, Guido Fernando Silva.*Op. cit.*, p. 8-9.
(241) *Vide* Anexo X.
(242) *Ibidem*, p. 9.
(243) *Vide* Anexo X.

a) a imunidade da jurisdição penal é total para o agente diplomático que não seja nacional do Estado acreditado, e que tenha residência permanente neste Estado (art. 31, § 1º, *caput* e art. 38, § 1º), bem como para os membros de sua família, desde que com ele vivam e que não sejam nacionais do Estado acreditado (art. 37, § 1º);

b) da mesma forma e nas mesmas condições, o agente diplomático e os membros de sua família se encontram imunes à jurisdição civil e administrativa, com as exceções expressamente previstas (art. 31, § 1º *caput* e suas alíneas);

c) com pequenas variações, ao agente diplomático que não seja nacional do Estado acreditante ou que nele não tenha residência permanente, bem como aos integrantes dos membros do pessoal administrativo e técnico e dos membros do pessoal de serviço da Missão, não se concedem quaisquer imunidades penais e, quanto às imunidades civis e administrativas, somente gozam daqueles privilégios, se não forem nacionais do Estado acreditado e unicamente para os atos praticados no exercício de suas funções (arts. 37 e 38). Quanto aos criados particulares, somente gozarão de isenções de impostos e taxas sobre os respectivos salários, se não forem nacionais do Estado acreditado nem tenham nele sua residência permanente, ficando a atribuição de outras imunidades, unicamente civis e administrativas, à discrição do Estado acreditado (art. 37, § 4º).[244] (SOARES, 1984, p. 9/10).

◆ **7.2. Agentes consulares**

◆◆ **7.2.1. Histórico normativo**

A disciplina normativa das imunidades concedidas aos agentes consulares trilhou, essencialmente, a mesma linha evolutiva percorrida pela imunidade dos funcionários diplomáticos.

Quanto aos representantes consulares, o aludido Regulamento de Viena de 1815 passou ao largo, o que fez com que continuassem a ser regidos por usos e costumes internacionais, quanto a seus atos e a suas pessoas. As propriedades e locais onde exercem suas atividades oficiais foram, contudo, submetidas às normas que regiam as propriedades de Governos estrangeiros, essas, delineadas pelo Regulamento.

---

(244) SOARES, Guido Fernando Silva. *Op. cit.*, p. 9-10.

A primeira norma internacional específica sobre a matéria foi ajustada em Havana, em 1928, com a Convenção de Havana sobre Funcionários Consulares, como fruto dos entendimentos dirigidos pela União Panamericana.

Então, nos primeiros anos da década de 1960, os países-membros das Nações Unidas a partir do modelo da Convenção de Viena sobre Relações Diplomáticas[245], adotaram em 1963, também em Viena, a Convenção sobre Relações Consulares[246].

◆◆ **7.2.2. Disciplina convencional hodierna**

O Preâmbulo da Convenção elegeu igualmente como princípio fundante das prerrogativas ali previstas o respeito aos ofícios desempenhados pelos agentes consulares. A doutrina internacionalista, por analogia, aplicaria o preceito *ne impediatur legatio* às funções consulares, forjando, em adaptação, o adágio: *ne impediatur officium* (a fim de que o serviço não seja impedido).

As imunidades consulares asseguradas na Convenção de Viena sobre Relações Consulares[247], de 1963, são menos amplas que as imunidades contempladas na sua homônima sobre Relações Diplomáticas de 1961. Tal se verifica, no entender de Guido Soares (1984, p. 10), "por vários motivos, dentre os quais se destaca o menor grau de representatividade de Estados estrangeiros que as repartições consulares exercem, frente a autoridades do Estado receptor"[248].

Na esteira das diretrizes fixadas na Convenção de Viena sobre Relações Diplomáticas[249], a Convenção 1963 distingue categorias de pessoas definidas como "membros da repartição consular", distribuindo-lhes de modo diverso as imunidades e privilégios, em conformidade com as classes especificadas. Faz notar o multicitado internacionalista que "no caso das repartições consulares, diferentemente das Missões diplomáticas, existe a questão do exercício de uma função pública de um Estado estrangeiro, num segmento do território nacional do Estado receptor; trata-se do que se denomina 'jurisdição consular', definida como uma competência territorial de autoridades a serviço de um Estado estrangeiro, que não encontra paralelo

---

(245) *Vide* Anexo X.
(246) *Vide* Anexo XI.
(247) *Vide* Anexo XI.
(248) SOARES, Guido Fernando Silva. *Op. cit.*, p. 10.
(249) *Vide* Anexo X.

na Missão diplomática, em princípio, com jurisdição sobre todo o território dos Estados onde têm sua sede"⁽²⁵⁰⁾.

O art. 1º da Convenção de Viena sobre Relações Consulares[251] estabelece as seguintes categorias de pessoas que se enquadram como "membros da repartição consultar", na precisa descrição de Guido Soares (1984, p. 10/11):

> a) "funcionário consular", o chefe da Repartição consular e toda pessoa encarregada nesta qualidade do exercício das funções consulares (art. 1º al. *d*), em geral estrangeiros, da nacionalidade ou não do Estado que envia, cuja legitimação de atividades no Estado receptor, necessita da autorização deste;
>
> b) "empregado consular", toda pessoa encarregada dos serviços administrativos ou técnicos de uma repartição consular (*id*. al. *e*), correlatamente ao "membro do pessoal administrativo e técnico" das Missões diplomáticas, ora pessoas que lidam com assuntos oficiais e reservados e que necessitam do conhecimento das leis e da língua oficial do país que envia, ora pessoas que necessitam conhecimentos das leis e prática no local onde a repartição consular se sedia, no país receptor;
>
> c) "membro do pessoal de serviço", toda pessoa empregada no serviço doméstico de uma repartição consular (*id*. al. *f*), em geral, funcionários contatados nos locais das repartições e nacionais do Estado receptor;
>
> d) "membro do pessoal privado", a pessoa empregada exclusivamente no serviço particular de um membro da repartição consular (*id*. al. *j*), em princípio, nacionais do Estado receptor, e cujos direitos trabalhistas, previdenciários e tributários devem reger-se, primacialmente, pelas leis locais do Estado receptor.[252]

As imunidades e privilégios estipulados na Convenção de Viena sobre Relações Consulares[253], obedecem às seguintes regras, na objetiva síntese de Guido Soares:

> a) negativa de quaisquer imunidades penais no Estado receptor, a quem quer que seja, conquanto haja dispositivos sobre a inviolabilidade dos funcionários consulares (art. 41);
>
> b) o dever de o Estado receptor conduzir-se, no caso de detenção, prisão preventiva ou instauração de processo criminal (art. 42) e na tomada do testemunho daquelas pessoas, sempre com as

---

(250) *Vide* Anexo X.
(251) *Vide* Anexo XI.
(252) SOARES, Guido Fernando Silva.*Op. cit.*, p. 10-11.
(253) *Vide* Anexo XI.

deferências devidas à posição oficial das mesmas e com o cuidado de perturbar-se, o menos possível, o exercício das funções consulares, e

c) imunidades das jurisdições de autoridades judiciárias e administrativas do Estado receptor, "pelos atos realizados no exercício das funções consulares" (art. 43, § 1º), com exceção dos casos de uma ação cível que resulte de contrato em que o funcionário ou empregado consular tiverem realizado, implícita ou explicitamente como agente do Estado que envia e nos casos de uma ação por responsabilidade civil interposta por terceiros, resultante de danos causados por acidente de veículos, navio ou aeronave, ocorrido no Estado receptor (art. 42, § 2º, alíneas *a* e *b*).

Cumpre ressaltar que aos familiares dos agentes consulares contemplados pelas imunidades de jurisdição, e que com eles habitem, não se lhes outorga, como sucede no caso dos diplomatas, as mesmas garantias, conquanto usufruam de outros privilégios conferidos àqueles[254]. (SOARES, 1984, p. 11).

Por fim, convém mencionar as bastante restritas imunidades atribuídas aos cônsules honorários (arts. 58 a 68), que se opõem aos cônsules de carreira, ou *missi*. Os primeiros são também conhecidos como *electi*, uma vez que devem ser eleitos pelo Estado estrangeiro, dentre nacionais do Estado em que desempenharão suas funções, ou não nacionais, desde que ali residam, devendo ter tal qualidade reconhecida pelo Estado onde exercerão suas funções. Tais agentes consulares fazem jus tão somente às imunidades que se destinam a assegurar o exercício de sua função oficial e relativamente à prestação de depoimentos. São lhe asseguradas garantias mínimas que amparam a independência e autonomia de suas funções.

---

(254) SOARES, Guido Fernando Silva. *Op. cit.*, p. 11.

8 DUPLA IMUNIDADE

Reputando inadmissível a teoria moderna da imunidade de jurisdição relativa, Georgenor de Sousa Franco Filho (1998) vislumbra a existência de duas espécies de imunidade. Daí o princípio cunhado pelo autor da dupla imunidade[255]: a imunidade de jurisdição e a imunidade de execução.

Guido Soares (1984) descreve do seguinte modo as prerrogativas que compõem a dupla imunidade:

> Por outro lado, é mister distinguir tratar-se de duas realidades que não se confundem, embora sejam reciprocamente pertinentes: as imunidades de jurisdição e as imunidades de execução. Trata-se de dois campos bem delimitados na sua problemática, quando se estudam as possibilidades de atuação dos Poderes Judiciários dos Estados, frente àquelas situações em que imunidades podem ser invocadas perante os mesmos: as imunidades de jurisdição (que dizem respeito às possibilidades de órgãos dos Poderes Judiciários conhecerem e julgarem causas em que são partes, particularmente no polo passivo, as pessoas imunes) e as imunidades de execução (relativas às possibilidades de os Poderes Judiciários decretarem, de maneira preventiva, acautelatória ou definitiva, medidas constritivas contra aquelas pessoas imunes, ou autorizarem execuções compulsórias contra os bens móveis ou imóveis de que elas sejam proprietárias ou ainda, detentoras, em nome

---

(255) O princípio da dupla imunidade teria como correspodente, segundo entende Franco Filho, o princípio da dupla renúncia, segundo o qual seria necessário que o ente de Direito Internacional Público renunciasse de forma expressa às duas prerrogativas em ordem a assegurar o pagamento do débito pleiteado por nacional. FRANCO FILHO, Georgenor de Sousa. *Competência internacional da justiça do trabalho*. São Paulo: LTr, 1998. p. 21.

de um Estado estrangeiro). O segundo aspecto, das imunidades de execução contra pessoas imunes, ou em bens móveis ou imóveis na posse das mesmas ou de propriedade de Governos estrangeiros, suscita questões extremamente complexas, que envolvem a submissão mesma de um Estado estrangeiro a tribunais internos de outro Estado, e corresponde aquele outro tipo de imunidades, as imunidades dos Estados em Direito Internacional (...).[256]

Cumpre notar que a terminologia comumente empregada pela doutrina não parece ser a mais apropriada. Afigura-se mais recomendável a utilização das expressões "imunidade de jurisdição no processo de conhecimento" e "imunidade de jurisdição no processo de execução", uma vez que a execução é uma função jurisdicional.

Com efeito, conforme faz notar Paulo, no Digesto, o instituto da ação traz inerente o da execução: *"Actionis" verbo etiam persecutio continetu*[257].

Ora, não se concebe, portanto, a execução senão como atividade jurisdicional que corresponde à extensão do mesmo poder-dever que atua no processo de conhecimento mediante a provocação da parte interessada. Daí por que assim a tenham definido Chiovenda e Redenti (1965, p. 237): *l'esecuzione (...) è il complesso delle attività dirette allo scopo che il vincitore, per opera degli organi pubblici, consegua praticamente il bene garantitogli dalla legge, secondo l'accertamento contenuto nella sentenza*[258].

A execução, seja com base em título judicial, seja com fundamento em título extrajudicial, é modalidade da tutela jurisdicional para a obtenção de um pronunciamento tendente a um resultado material tangível[259]. (REDENTI, 1999, p. 2)

A esse propósito, Frederico Marques (1999, p. 2/3) tece as seguintes considerações, em capítulo acerca do caráter jurisdicional da execução:

> No processo de conhecimento prevalece a atividade lógica do juiz para construir as premissas do imperativo jurídico contido na sentença; no processo de execução forçada predomina a atividade prática e material tendente a realizar a satisfação da prestação exigível consubstanciada e formalizada no título executivo.

---

(256) SOARES, Guido Fernando Silva. *Origens e justificativas da imunidade de jurisdição*. Disponível em: <http://www.cedi.org.br/Eventos/imunidade/palestrashtm/guido.htm>.
(257) Na palavra ação, está compreendida também a execução. PAULO. Dig. 50, 16, 34.
(258) CHIOVENDA, Giuseppe. *Op. cit.*, p. 237.
(259) REDENTI. *Apud* MARQUES, José Frederico. *Instituições de direito processual civil*. Campinas: Millennium, 1999. v. V, p. 2.

No processo executivo o juiz atua, imparcial, por provocação das partes ou litigantes, com a finalidade de manter a execução nos justos limites do título em que se funda. Não se registra o contraditório dialético da cognição, mas há contraditório como forma do devido processo legal em que o executado se defende, a fim de que a coação estatal não ultrapasse as fronteiras demarcadas na lei. O executado, embora sujeito aos atos executivos de coação, tem poderes e faculdades no exercício do direito de defesa, não se encontrando desprovido de meios e remédios para impedir que seu patrimônio fique atingido mas do que se faz imprescindível, para o cumprimento da prestação que deixou de atender.[260]

Nesse sentido, por fim, Humberto Theodoro Júnior (1983, p. 463), com a costumeira sensibilidade, lembra que a atividade jurisdicional compreende a execução, *in vebis*:

> É verdade que o Juiz, na execução, não age mecanicamente como um simples cobrador a serviço do credor. **Sendo a execução parte integrante da jurisdição que corresponde ao poder-dever de realizar concretamente a vontade da ordem jurídica através do processo para eliminar uma situação litigiosa**, é claro que a atividade executiva jurisdicional está subordinada a pressupostos de legalidade e legitimidade. E, por conseguinte, antes de autorizar a agressão patrimonial contra o devedor, terá o Juiz de verificar a satisfação desses requisitos jurídicos, praticando uma cognição e fazendo acertamento sobre eles.[261]

◆ 8.1. IMUNIDADE DE JURISDIÇÃO NO PROCESSO DE CONHECIMENTO

Basta consignar aqui que, no tocante ao processo de conhecimento, a posição quase pacífica da legislação, doutrina e jurisprudência mundiais tende a relativizar a imunidade jurisdicional, com base na cisão entre atos de gestão e atos de império, no que diz respeito ao processo de conhecimento.

À luz dos referenciais normativos, doutrinários e jurisprudenciais, quer de nosso país quer de praticamente todos os países que foram objeto de investigação no presente estudo, resulta inconcebível, portanto, que ente de Direito Internacional Público possa invocar no processo de conhecimento

---

(260) MARQUES, José Frederico. *Instituições de direito processual civil*. Campinas: Millennium, 1999. v. V, p. 2/3.
(261) THEODORO JÚNIOR, Humberto. *Processo de execução*. 8. ed. São Paulo: EUD, 1983. p. 463.

a prerrogativa da imunidade de jurisdição, sempre que se tratar da prática de atos de natureza privada, como é o caso dos decorrentes de contrato de trabalho.

◆ **8.2. IMUNIDADE DE JURISDIÇÃO NO PROCESSO DE EXECUÇÃO**

Eis aí tema a cujo respeito percebe-se nítido distanciamento entre a interpretação de processualistas e de internacionalistas, na sábia observação de José Mesquita (2002)[262]. Isto porque os primeiros tendem a ter os olhos postos na impenhorabilidade e na inviabilidade de constrição dos bens de ente de DIP, ante os obstáculos que se colocam quanto à efetividade de virtual provimento judicial executivo contra pessoa jurídica estrangeira; e esse últimos costumam ter presente a disciplina dos instrumentos convencionais internacional que preveem a relativização da prerrogativa, mesmo em processo de execução.

Georgenor de Sousa Franco Filho (1998, p. 82) faz repousar a tese da imunidade jurisdicional absoluta em processo de execução nos princípios da submissão e da efetividade. Com apoio na lição de Amílcar de Castro, assenta:

> Não tenho dúvidas de que a imunidade prevalece, inclusive em matéria trabalhista, e deve ser proclamada de ofício pelo juiz. Tomo por base dois princípios que por todos os julgadores devem ser considerados: o da submissão e o da efetividade. Na feliz síntese de Amílcar de Castro, "o exercício da jurisdição arrima--se em dois princípios: o da efetividade e o da submissão. O princípio da efetividade significa que o juiz é incompetente para proferir sentença que não tenha possibilidade de executar", recordando que, "o que se afirma é que, sem texto de lei, em regra, o Tribunal deve-se julgar incompetente quando as coisas, ou o sujeito passivo estejam fora do seu alcance, isto é, do alcance da força de que dispõe". Em síntese, sem o primeiro, não subsiste o segundo.[263]

Charles Leben (SEBEN *apud* SILVA, 1996) salienta, entretanto, que um número cada vez maior de países deixou de lado a doutrina clássica da imunidade absoluta em matéria de execução[264]. É também o que se

---

(262) MESQUITA, José Ignacio Botelho de. *Op. cit.*
(263) FRANCO FILHO, Georgenor de Sousa. *Competência internacional da justiça do trabalho.* São Paulo: LTr, 1998. p. 82.
(264) *Apud* SILVA, Luiz de Pinho Pedreira. O caráter restritivo da imunidade de execução do estado estrangeiro. In: *Revista Trabalho & Doutrina*, São Paulo: Saraiva, p. 16, mar. 1996.

pode visualizar do breve estudo comparado que antes se depreendeu no presente texto.

Após mencionar a jurisprudência de países como a Bélgica, Suíça, Holanda, França, Alemanha, Silva (1998, p. 234) alude às seguintes exceções como possibilidade de relativização da imunidade jurisdicional em processo de execução:

> A primeira exceção é regra da imunidade de exceção é para a hipótese de renúncia do Estado estrangeiro a essa mesma imunidade, que deve ser expressa ou pelo menos inequívoca.
>
> A segunda exceção é para o caso de recair a constrição judicial sobre o bem que constitua objeto de ação. Exemplo típico é o de uma ação trabalhista sobre verbas de natureza salarial, incidindo a penhora em conta corrente mantida pelo Estado estrangeiro em banco do Estado do foro destinada ao pagamento de pessoal.
>
> Refere-se a terceira exceção aos bens do Estado estrangeiro usados para atividades industriais e comerciais no Estado do foro, como, p. ex., os navios mercantes.
>
> Uma outra exceção é para os bens das denominadas "agências estatais" sobre as quais podem incidir medidas constritivas.[265]

Admoesta Silva (1996, p. 19), no entanto, que não estariam de modo algum sujeitos à constrição:

> (...) as propriedades de organizações internacionais, de natureza militar, sob controle militar, de um banco central ou autoridade monetária estrangeiras ou destinadas a finalidade diplomática ou consular. Todos esses bens são considerados afetados a fins públicos e não à atividade *jure gestionis* do Estado estrangeiro, e por isso mesmo não estando sujeitos a providências decorrentes de execução forçada.[266]

Celso de Albuquerque Mello (1994, p. 334), igualmente, sustenta que "não têm imunidade: atividades comerciais, atividades trabalhistas, bens com fins comerciais etc."[267]. Também entende que "a posição mais acertada

---

(265) SILVA. A concepção relativista das imunidades de jurisdição e execução do Estado estrangeiro. In: *Revista de Informação Legislativa*, Brasília a. 35, n. 140, p. 234, out./dez. 1998.
(266) SILVA, Luiz de Pinho Pedreira. O caráter restritivo da imunidade de execução do estado estrangeiro. In: *Revista Trabalho & Doutrina*, São Paulo: Saraiva, p. 19, mar. 1996.
(267) MELLO, Celso de Albuquerque. *Direito constitucional internacional*. Rio de Janeiro: Renovar, 1994. p. 334.

é a que sustenta não existir imunidade de execução se esta recai sobre o próprio objeto do litígio"[268]. (MELLO, 1994, p. 334)

Na mesma linha, Francisco Rezek (2001, p. 179/180) acentua:

> (...) a execução forçada da eventual sentença condenatória só é possível na medida em que o Estado estrangeiro tenha, no âmbito especial de nossa jurisdição, bens estranhos à sua própria representação diplomática ou consular — visto que estes se encontram protegidos contra a penhora ou medida congênere pela inviolabilidade que lhes asseguram as Convenções de Viena, de 1961 e 1963.[269]

De todo modo, no terreno jurisprudencial, a imunidade de execução vem sendo reconhecida de forma absoluta na grande maioria dos casos.

O E. Pretório, em ocasião em que teve a oportunidade de se pronunciar sobre o tema, depois de distinguir "imunidade de jurisdição" de "imunidade de execução", afasta a primeira prerrogativa e acena para a inviabilidade de a segunda seguir igual sorte:

> O PRIVILÉGIO RESULTANTE DA IMUNIDADE DE EXECUÇÃO NÃO INIBE A JUSTIÇA BRASILEIRA DE EXERCER JURISDIÇÃO NOS PROCESSOS DE CONHECIMENTO INSTAURADOS CONTRA ESTADOS ESTRANGEIROS. A imunidade de jurisdição, de um lado, e a imunidade de execução, de outro, constituem categorias autônomas, juridicamente inconfundíveis, pois — ainda que guardem estreitas relações entre si — traduzem realidades independentes e distintas, assim reconhecidas quer no plano conceitual, quer, ainda, no âmbito de desenvolvimento das próprias relações internacionais. A eventual impossibilidade jurídica de ulterior realização prática do título judicial condenatório, em decorrência da prerrogativa da imunidade de execução, não se revela suficiente para obstar, só por si, a instauração, perante Tribunais brasileiros, de processos de conhecimento contra Estados estrangeiros, notadamente quando se tratar de litígio de natureza trabalhista. Doutrina. Precedentes. (STF-AGRE n. 222.368/PE, DJ de 14.2.2003, Relator Ministro Celso de Mello).

Note-se que a imunidade de jurisdição tem sido reconhecida, de idêntico modo, na execução fiscal:

> CONSTITUCIONAL. IMUNIDADE DE JURISDIÇÃO. EXECUÇÃO FISCAL PROMOVIDA PELA UNIÃO CONTRA ESTADO ESTRANGEIRO. CONVENÇÕES DE VIENA DE 1961 E 1963. 1. Litígio entre o Estado brasileiro e Estado

---

(268) MELLO, Celso de Albuquerque. *Op. cit.*, p. 334.
(269) REZEK, J. Francisco. *Op. cit.*, p. 179-180.

estrangeiro: observância da imunidade de jurisdição, tendo em consideração as Convenções de Viena de 1961 e 1963. 2. Precedentes do Supremo Tribunal Federal: ACO n. 522-AgR/SP e ACO n. 634-AgR/SP, rel. Min. Ilmar Galvão, Plenário, 16.9.1998 e 25.9.2002, DJ de 23.10.1998 e 31.10.2002; ACO n. 527-AgR/SP, rel. Min. Nelson Jobim, Plenário, 30.9.1998, DJ de 10.12.1999; ACO n. 524 AgR/SP, rel. Min. Carlos Velloso, Plenário, DJ de 9.5.2003. 3. Agravo não provido. (STF-ACO n. 633 AgR/SP, Relator(a): Min. Ellen Gracie, Tribunal Pleno, DJe de 21.6.2007).

De forma mais explícita, o Eg. STJ reconhece a Estado estrangeiro a imunidade jurisdicional em processo de execução, com espeque no princípio da impenhorabilidade dos bens de Governo estrangeiro consagrado na Convenção de Viena sobre Relações Diplomáticas:

> RECLAMAÇÃO TRABALHISTA. EXECUÇÃO MOVIDA CONTRA ESTADO ESTRANGEIRO. PENHORA. INADMISSIBILIDADE. IMUNIDADE DE EXECUÇÃO. EXPEDIÇÃO DE CARTA ROGATÓRIA PARA A COBRANÇA DO CRÉDITO. Os bens do Estado estrangeiro são impenhoráveis em conformidade com o disposto no art. 22, inciso 3, da "Convenção de Viena sobre Relações Diplomáticas (Decreto n. 56.435, de 8.6.1965)". Agravo provido parcialmente para determinar-se a expedição de carta rogatória com vistas à cobrança do crédito. (STJ-AG n. 230.684/DF, DJ de 10.3.2003, Relator Ministro Barros Monteiro).

À semelhança do E. STF, também o Eg. STJ tem admitido a imunidade absoluta na execução fiscal:

> AGRAVO REGIMENTAL EM RECURSO ORDINÁRIO. DIREITO TRIBUTÁRIO. EXECUÇÃO FISCAL. IPTU E TAXAS. ESTADO ESTRANGEIRO. IMUNIDADE DE JURISDIÇÃO. 1. Os Estados estrangeiros gozam de imunidade de jurisdição e tributária, com esteio, respectivamente, nos arts. 23, da Convenção de Viena sobre Relações Diplomáticas, e 32, da Convenção de Viena sobre Relações Consulares, estando, assim, isentos do pagamento de tributos que recaiam sobre seu patrimônio ou lhes sejam exigidos pela prestação não individualizada de serviços. Precedentes: RO n. 49/RJ, Rel. Min. José Delgado, DJU de 7.11.2006; RO n. 46/RJ, Rel. Min. Francisco Peçanha Martins, DJU de 13.2.2006; RO n. 45/RJ, Rel. Min. Castro Meira, DJU de 28.11.2005; RO n. 35/RJ, Rel. Min. Teori Albino Zavascki, DJU de 5.8.2004. 2. É indevida a cobrança de taxas de limpeza e iluminação pública, porquanto declaradas inconstitucionais em razão da ausência de especificidade. (RO n. 43/RJ, Relator Ministro Luiz Fux, Primeira Turma, in DJ 8.11.2007). 2. Agravo regimental improvido. (STJ-AgRg no RO n. 105/RJ, Rel. Ministro Hamilton Carvalhido, T1 — Primeira Turma, DJe 16.12.2010).

Por fim, o Eg. TST, em um primeiro momento, não admitia exceções à imunidade absoluta na execução:

MANDADO DE SEGURANÇA. PENHORA DE BENS E DESLIGAMENTO DE LINHA TELEFÔNICA. EXECUÇÃO CONTRA ESTADO ESTRANGEIRO. IMUNIDADE DE JURISDIÇÃO. Trata-se de penhora contra consulado, que expressamente invocou a imunidade de execução.

Quando se prossegue na execução, desprezando-se imunidade de jurisdição expressamente invocada, fica violado direito líquido e certo a que a invocação seja atendida, com a paralisação da execução.

Não é possível que se deixe essa questão para ser resolvida em agravo de petição, o qual pressupõe a penhora e os embargos à execução. É exatamente a penhora que se pretende evitar. Recurso Ordinário provido. (TST-ROMS n. 553480/1999, Rel. Min. José Luciano de Castilho, SBDI-2, DJ de 4.5.2001).

Entretanto, desde o início da década passada, a Corte Superior Trabalhista já insinuava, de maneira ainda tímida, movimento no sentido de relativizar também a imunidade de jurisdição em processo de execução. É o que se pode inferir do seguinte aresto, da lavra do eminente Min. Ives Gandra Martins Filho, que trazia a possibilidade de levantamento de depósito recursal por exequente empregado de organização internacional:

AÇÃO RESCISÓRIA — IMUNIDADE DE JURISDIÇÃO NA EXECUÇÃO — POSSIBILIDADE DE LEVANTAMENTO DO DEPÓSITO RECURSAL. O art. 114 da Carta Magna de 1988 incluiu entre as partes que podem ter demandas na Justiça do Trabalho os entes de direito público externo, a par de assegurar à Justiça especializada a apreciação dos litígios decorrentes do cumprimento de suas decisões. Já é pacífica na jurisprudência pátria, em seguimento à orientação do STF, que os Estados estrangeiros e os Organismos internacionais não gozam de imunidade de jurisdição na fase de conhecimento. No entanto, é discutível a matéria quanto à fase de execução, na medida em que não se admite penhora sobre bens pertencentes aos Estados estrangeiros, mas, por outro lado, não se pode frustrar e tornar inócua a sentença prolatada pela jurisdição nacional. *In casu*, a observância do Decreto Legislativo n. 14/1994 não poderia levar à nulidade integral do processo de execução. A limitação dos arts. 6º, 7º e 8º do referido decreto diz respeito exclusivamente à constrição de bens da OEA. Ora, a liberação do depósito recursal para levantamento do Exequente não constitui ato constritivo vedado pela norma, uma vez que o depósito é feito na conta vinculada do Reclamante, saindo da órbita patrimonial do Reclamado, razão pela qual a decisão rescindenda, nesse aspecto, deu amplitude maior à regra de exceção da jurisdição, frustrando o pouco que o Exequente poderia obter pela via judicial em sede executória. Pode-se inclusive cogitar de renúncia à imunidade de jurisdição em relação ao depósito recursal, quando o organismo internacional o efetua espontaneamente. Recurso ordinário parcialmente provido. (TST-ROAR n. 771.910/2001, DJ de 15.3.2002, Relator Ministro Ives Gandra Martins Filho).

Atualmente, contudo, pode-se afirmar que o Eg. TST passou a admitir, ao menos, uma forma de mitigação da imunidade, antes absoluta, dos entes de Direito Internacional Público na execução. Trata-se de possibilidade já mencionada, anteriormente, de adoção de medidas constritivas em face de bens não afetados ao exercício de missão diplomática.

É o que se depreende, dentre outros, dos seguintes precedentes, em que se divisa, mesmo que *a contrario sensu*, em alguns casos, a possibilidade de penhora dos aludidos bens:

ESTADO ESTRANGEIRO. IMUNIDADE RELATIVA DA EXECUÇÃO. BEM AFETADO À MISSÃO DIPLOMÁTICA. A decisão impugnada foi exarada em sintonia com os recentes julgados deste Tribunal, na esteira da jurisprudência das nossas Cortes Superiores, as quais reconhecem que a imunidade de execução dos Estados estrangeiros alcança os bens afetados à missão diplomática ou consular, em respeito ao disposto no art. 22, item 3, da Convenção de Viena de 1961, da qual o Brasil é signatário. Por outro lado, faz-se possível a execução direta, na medida em que a transmissão de carta rogatória constitui faculdade de cada Estados ignatário do Convênio de Cooperação Judiciária firmado. Portanto, não há violação de direito líquido e certo, ilegalidade ou abuso de poder, no ato atacado. Recurso ordinário a que se nega provimento. (TST-RXOF e ROAG-66500-10.2008.5.05.0000, Data de julgamento: 5.10.2010, Relator Ministro Pedro Paulo Manus, Subseção II Especializada em Dissídios Individuais, Data de publicação: DEJT 15.10.2010).

ESTADO ESTRANGEIRO. CONSULADO GERAL DO JAPÃO. IMUNIDADE RELATIVA DE JURISDIÇÃO E EXECUÇÃO. IMPOSSIBILIDADE DE RECAIR PENHORA SOBRE BENS AFETOS À REPRESENTAÇÃO DIPLOMÁTICA. CONCESSÃO DA SEGURANÇA. Nos termos da jurisprudência do Excelso STF e desta Corte, é relativa a imunidadede jurisdição e execução do Estado estrangeiro, não sendo passíveis de constrição judicial, contudo, os bens afetados à representação diplomática. Assim, correto o posicionamento do Regional, no acórdão recorrido, quanto à concessão da segurança, para garantir ao impetrante o prosseguimento da execução, privando de constrição tão somente os bens atrelados, estritamente, à representação diplomática ou consular do litisconsorte passivo. Precedentes. Remessa *ex officio* e recursos ordinários em mandado de segurança conhecidos e desprovidos. (TST-ReeNeceRO n. 1170000-59.2008.5.02.0000, Data de julgamento: 28.9.2010, Relator Ministro Alberto Luiz Bresciani de Fontan Pereira, Subseção II Especializada em Dissídios Individuais, Data de publicação: DEJT 8.10.2010).

PENHORA EM CONTA BANCÁRIA. ESTADO ESTRANGEIRO. IMUNIDADE RELATIVA DA EXECUÇÃO. BEM AFETADO À MISSÃO DIPLOMÁTICA. ILEGALIDADE. Apesar do novo quadro delineado no plano do direito internacional e no âmbito do direito comparado adotar a teoria da imunidade relativa de execução dos Estados soberanos, sobretudo em litígios trabalhistas, os bens afetos à missão diplomática e consular ficam imunes à execução forçada. Dentre estes, estão inclusos os valores creditados em conta corrente de Embaixada de Estado estrangeiro, devido à impossibilidade de se distinguir os créditos de natureza comercial daqueles destinados exclusivamente à manutenção e administração da própria Embaixada, conforme precedentes desta Corte. Remessa de ofício não conhecida e recurso ordinário provido. (TST-RXOFeROMS-23900-38.2005.5.10.0000, Data de julgamento: 13.4.2010, Relator Ministro Emmanoel Pereira, Subseção II Especializada em Dissídios Individuais, Data de publicação: DEJT 23.4.2010).

ESTADO ESTRANGEIRO. REINO DA ESPANHA. IMUNIDADE RELATIVA DE JURISDIÇÃO E EXECUÇÃO. IMPOSSIBILIDADE DE RECAIR PENHORA SOBRE BENS AFETADOS À REPRESENTAÇÃO DIPLOMÁTICA. CONCESSÃO PARCIAL DA SEGURANÇA. Nos termos da jurisprudência do Excelso STF e desta Corte, é relativa a imunidade de jurisdição e execução do Estado estrangeiro, não sendo passíveis de constrição judicial, contudo, os bens afetados à representação diplomática. Assim, deve ser parcialmente concedida a segurança, a fim de se determinar que não recaia penhora sobre bens atrelados, estritamente, à representação diplomática ou consular do impetrante. Precedentes. Recurso ordinário em agravo regimental em mandado de segurança conhecido e parcialmente provido. (TST-ROAG n. 70300-46.2008.5.05.0000, Data de julgamento: 16.3.2010, Relator Ministro Alberto Luiz Bresciani de Fontan Pereira, Subseção II Especializada em Dissídios Individuais, Data de publicação: DEJT 30.3.2010).

I) IMUNIDADE RELATIVA NO PROCESSO DE EXECUÇÃO — PENHORA DE NUMERÁRIO EXISTENTE NA CONTA CORRENTE DO REINO DA ESPANHA — BEM AFETADO À SUA REPRESENTAÇÃO DIPLOMÁTICA — INVIOLABILIDADE PROTEGIDA PELO ART. 3º DA CONVENÇÃO DE VIENA — LIBERAÇÃO DO BEM CONSTRITO. 1. Trata-se de mandado de segurança preventivo impetrado pelo Reino da Espanha, com pedido liminar, contra ato a ser praticado pelo juízo da execução, em sede de execução definitiva, ante a iminência da penhora de bens ou numerário existente em sua conta corrente.

2. No curso do presente *writ*, especificamente após a interposição deste recurso ordinário, o Impetrante atravessou petição noticiando que o juízo da execução efetuou a penhora de sua conta corrente, a pedido da Reclamante.

3. Por decisão monocrática deste Relator, foi atribuído efeito suspensivo ao recurso ordinário e determinada a suspensão do processo de execução, com o imediato desbloqueio da conta corrente do Impetrante, por afronta ao art. 3º da Convenção de Viena, cuja decisão foi mantida incólume pela SBDI-2 do TST, em sede de agravo regimental.

4. No mérito, o Impetrante visa ao reconhecimento da imunidade absoluta (e não relativa) no processo de execução, dos entes de direito público externo, que, ao seu ver, se equiparam aos entes públicos internos, por entender que tal imunidade não comporta exceção, de modo a alcançar não apenas a sua conta corrente (afetado à sua representação diplomática), mas também os demais bens não afetados à referida representação, já que se trata de bens públicos do País acreditado, sob pena de perpetrar ofensa aos princípios da reciprocidade, soberania e inviolabilidade.

5. De plano, ressalte-se que a jurisprudência do TST e do STF tem abrandado o vetusto princípio da imunidade absoluta no processo de execução, capitaneadas pelo voto do eminente Ministro Celso de Mello, da Suprema Corte, no sentido de que a imunidade de jurisdição do Estado estrangeiro, quando se tratar de litígios trabalhistas, revestir-se-á de caráter meramente relativo e, em consequência, não impedirá que os juízes e Tribunais brasileiros conheçam de tais controvérsias e sobre elas exerçam o poder jurisdicional que lhes é inerente, pelos seguintes fundamentos: a) o novo quadro normativo que se delineou no plano do direito internacional, e também no âmbito do direito comparado, permitiu — ante a realidade do sistema de direito positivo dele emergente — que se construísse a teoria da imunidade jurisdicional relativa dos Estados soberanos, tendo-se presente, para esse específico efeito, a natureza do ato motivador da instauração da causa em juízo, de tal modo que deixa de prevalecer, ainda que excepcionalmente, a prerrogativa institucional da imunidade de jurisdição, sempre que o Estado estrangeiro, atuando em matéria de ordem estritamente privada, intervier em domínio estranho àquele em que se praticam os atos *jure imperii*; b) a teoria da imunidade limitada ou restrita objetiva institucionalizar solução jurídica que concilie o postulado básico da imunidade jurisdicional do Estado estrangeiro com a necessidade de fazer prevalecer, por decisão do Tribunal do foro, o legítimo direito do particular ao ressarcimento dos prejuízos que venha a sofrer em decorrência de comportamento imputável a agentes diplomáticos, que, agindo ilicitamente, tenham atuado *more privatorum* em nome do País que representam perante o Estado acreditado (o Brasil, no caso); c) não se revela viável impor aos súditos brasileiros, ou a pessoas com domicílio no território nacional, o ônus de litigarem, em torno de questões meramente laborais, mercantis, empresariais ou civis, perante tribunais estrangeiros, desde que o fato gerador da controvérsia judicial — necessariamente estranho ao específico domínio dos *acta jure imperii* — tenha decorrido da estrita atuação *more privatorum* do Estado estrangeiro.

6. Desse modo, em face dos precedentes do TST e do STF, é de se reconhecer a imunidade relativa (e não absoluta) da lide executória, em relação aos entes de direito público externo, razão pela qual não há que se falar em ofensa aos princípios da reciprocidade, soberania e inviolabilidade, como alegado pelo Impetrante.

II) FORMA DE EXECUÇÃO – DECRETO N. 166/1991, QUE PROMULGOU O CONVÊNIO DE COOPERAÇÃO JUDICIÁRIA EM MATÉRIA CIVIL, ENTRE O GOVERNO DA REPÚBLICA FEDERATIVA DO BRASIL E O REINO DA ESPANHA — CARÁTER PROCEDIMENTAL E FACULTATIVO (ART. 2º DO REFERIDO CONVÊNIO) — EXECUÇÃO DIRETA — CONCESSÃO PARCIAL DO *WRIT*. 1. Sustenta o Impetrante que a execução, *in casu*, deve se dar mediante o necessário envio de carta rogatória (CPC, arts. 210 a 212), observados os requisitos da Portaria n. 26/1990 do Departamento Consular e Jurídico do Ministério das Relações Exteriores do Brasil, a fim de receber o *Exequatur* da Suprema Corte do Reino da Espanha, nos mesmos moldes adotados pela Constituição Federal do Brasil (art. 105, I, "i").

2. Desde logo, pontuo que, se não mais existe controvérsia, na doutrina e na jurisprudência de nossos tribunais, sobre o fato de a imunidade do processo de execução ser relativa no tocante aos entes de direito público externo, o mesmo não ocorre quanto à forma de execução, vale dizer, sobre a constrição (direta, via diplomática ou por carta rogatória, e sua amplitude) e expropriação de bens do estado estrangeiro.

3. *In casu*, verifica-se que foi promulgado na cidade de Madri, em 13.4.1989, o "Convênio de Cooperação Judiciária em Matéria Civil, entre o Governo da República Federativa do Brasil e o Reino da Espanha", que, após ter sido aprovado por meio do Decreto Legislativo n. 31, de 16.10.1990, resultou na edição do Decreto n. 166, de 3.7.1991, que, em seu art. 1º, preceitua que o referido convênio "será executado e cumprido tão inteiramente como nele se contém", ambos publicados no *Diário Oficial da União* de 4.7.1991.

4. Da leitura do referido Decreto, que se encontra em plena vigência, verifica--se que o art. 2º atribui como faculdade (e não obrigação) dos Estados contratantes a transmissão das cartas rogatórias originadas dos processos referentes às matérias que são objeto do Convênio, de modo a revelar tão somente o seu caráter procedimental, razão pela qual deve ser observado pelo juízo da execução, *in casu*, que a penhora (via execução direta) recaia apenas sobre os bens não afetados à representação diplomática, conforme o disposto no art. 3º da Convenção de Viena e na jurisprudência pacífica do Supremo Tribunal Federal.

Recurso ordinário parcialmente provido. (TST-AG-ROMS n. 16100-56.2005.5.10.0000 Data de julgamento: 27.2.2007, Relator Ministro Ives Gandra Martins Filho, Subseção II Especializada em Dissídios Individuais, Data de publicação: DJ 9.3.2007).

9 QUESTÕES PROCESSUAIS

Põe-se aqui em discussão algumas das inúmeras questões que podem ser suscitadas em processo no qual se depare com a imunidade de jurisdição de ente de Direito Internacional Público.

Tais questões, tal como alerta José Mesquita (2002), em palestra proferida sobre o tema, não encontram resposta direta no Código de Processo Civil — CPC, que não fornece senão o norte para alcançá-la[270].

◆ 9.1. Pressuposto processual ou condição da ação

Coloca-se, em primeiro lugar, interrogação acerca da repercussão processual do reconhecimento de imunidade jurisdicional. A não incidência da jurisdição nacional traduz falta de pressuposto processual ou de condição da ação?

Contrastando "competência internacional", que entende identificar-se com a jurisdição, e "competência interna", José Mesquita (2002) sustenta que apenas a ausência desta última configuraria inexistência de pressuposto processual:

> A falta de competência interna configura falta de um pressuposto processual. A falta de competência internacional constitui um defeito muito mais grave, pois importa falta absoluta de poder

---

[270] MESQUITA, José Ignacio Botelho de. *Questões procedimentais das ações contra estados e organizações internacionais*. Disponível em: <http://www.cedi.org.br/Eventos/imunidade/palestraspdf/botelho.pdf>.

jurisdicional, repercutindo no plano da ação e não mais no plano do processo apenas.⁽²⁷¹⁾

No que diz respeito à primeira, a competência internacional, o processualista advoga que compõe as condições da ação. Argumenta que, sendo a ação um direito subjetivo a que corresponde da parte do Estado um dever de prestar a jurisdição, a inviabilidade do cumprimento de tal dever induz à carência do próprio direito de ação. Daí resultaria a conclusão de cuidar-se de condição da ação e não pressuposto processual:

> A ação, como se sabe, é o direito de exigir do Estado a prestação da atividade jurisdicional, a que corresponde o dever do Estado de prestá-la. Se o Estado não tem o dever de prestar, por não ter jurisdição, deixa de existir o correspondente direito de ação.
>
> Assim, diferentemente da falta de competência interna, a falta de competência importa a falta do direito de ação, ou até mesmo a extinção desse direito se acaso existisse anteriormente.
>
> Sob essa perspectiva, a existência da competência internacional constitui uma condição da ação.⁽²⁷²⁾ (MESQUITA, 2002).

Em seguida, perquire o autor sobre qual condição compreenderia a "competência internacional". Descartando o interesse processual, a legitimação *ad causam*, a possibilidade jurídica do pedido, conclui que se trata de condição negativa não expressamente elencada pelo art. 267, VI, do CPC. Reputa-a condição análoga à de inexistência de arbitragem, inscrita no inciso VII do aludido dispositivo legal:

> Que condição seria essa? Obviamente não se cuida de falta de interesse processual, nem de legitimação para a causa, nem de possibilidade jurídica. (...). Suposto que, perante o órgão internacionalmente incompetente, seja proposta uma ação para condenação do devedor ao pagamento de quantia certa, fica perfeitamente claro que o defeito aí existente não é de impossibilidade jurídica do pedido, pois nada é mais comum do que uma ação como essa.
>
> O que ocorre é que as condições da ação a que se refere expressamente o art. 267-VI do CPC não são as únicas. Admitem-se outras. Diz o citado dispositivo que o processo se extingue com julgamento de mérito "quando não concorrer qualquer das condições da ação como a possibilidade jurídica, a legitimidade das partes e o interesse processual". A enumeração é meramente exemplificativa.

---

(271) MESQUITA, José Ignacio Botelho de. *Op. cit.*
(272) *Idem.*

Assim, são condições da ação, entre outras, a inexistência de cláusula de arbitragem, a inexistência de coisa julgada, litispendência ou perempção da ação. São condições negativas da ação, em cuja presença é vedado ao Estado o exercício da jurisdição. Consequentemente, afetam o correspondente direito da ação. Nada têm a ver com o mérito da causa, nem com a mera relação processual. Por isso, classifico a competência internacional, a existência de jurisdição, como condição de admissibilidade da ação, análoga à da inexistência de cláusula de arbitragem.

O que ocorre na presença de cláusula de arbitragem é elucidativo do fato de sua ausência não afetar o processo, a relação jurídica processual. Suposto que, a despeito da cláusula de arbitragem, um dos contratantes leve sua pretensão a juízo e o outro não a impugne, nada impede que a causa seja decidida pelo Poder Judiciário. Se o réu, na contestação, alegar a existência de cláusula de arbitragem, estará alegando fato impeditivo do exercício da jurisdição, o que levará à carência de ação.[273] (MESQUITA, 2002).

Em último lugar, observa que a mera existência de imunidade não conduz à carência da ação, exigindo-se que seja exercido o direito de arguí-la. De todo modo, segundo afirma, a prerrogativa não modificaria os limites da competência internacional, por não restringir a jurisdição nacional, mas obstaculizar o direito de invocá-la:

> Esse mesmo fenômeno se verifica quando se alega imunidade de jurisdição. Alega-se um fato extintivo do direito à jurisdição. Neste sentido, é corretíssima a conclusão (...) de que o não exercício da jurisdição territorial, em decorrência da imunidade soberana, é direito do Estado-parte e não uma imposição que seja feita pelo Estado do foro, nem tampouco pelo Direito Internacional. Não é a mera existência da imunidade que leva à carência da ação; é o exercício do direito de alegá-la.

> Além disso, é importante observar que a imunidade de jurisdição não modifica os limites da competência internacional. Estes são ditados com fundamento na soberania e portanto não estão sujeitos à ampliação ou diminuição por iniciativa das partes. Daí a importância da conclusão de que a alegação da imunidade não restringe a jurisdição nacional; exclui o direito do autor de invocá-la. É fato extintivo desse direito, como é a convenção de arbitragem. Não altera o "tamanho" da jurisdição estatal[274]. (MESQUITA, 2002).

---

(273) MESQUITA, José Ignacio Botelho de. *Op. cit.*
(274) *Idem.*

Das ponderações supramencionadas, mereceria reparo, em primeiro lugar, o emprego da locução "competência internacional" como sinônimo para jurisdição, pois pode redundar em confusão terminológica entre institutos bastante distintos: jurisdição e competência.

A esse propósito, o saudoso Ministro Coqueijo Costa assim referia-se à jurisdição, distinguindo-a de competência com base nos ensinamentos de Hélio Tornaghi:

> A jurisdição, categoria fundamento do direito processual civil, não se confunde com a competência. Jurisdição é o poder de julgar; competência é a possibilidade de exercer a jurisdição. A jurisdição no Brasil é uma só; a competência limita e distribui, entre os juízes, o exercício dela.[275]

É nesse contexto que emerge a definição de competência formulada por Carnelutti (1960, p. 72) como limite de poder — a jurisdição.

> La competenza (...) non è un potere, ma un limite del potere e pertanto una ratio legitimationis: un giudice, ossia è costituito in quella posizione di organo dello Stato, che si designa con tal nome, ma altresì in quanto la materia del giudizio rientra nella sua competenza.[276]

Portanto, tecnicamente mais conveniente a utilização da expressão "jurisdição" em lugar de "competência internacional".

De outro lado, convém assentar que há quem prefira ver na incidência de jurisdição um pressuposto de existência do processo, que antecederia, por conseguinte, o exame dos pressupostos processuais de validade e das condições da ação.

Nessa esteira, Teresa Arruda Alvim Wambier, em quadro taxionômico de relevância científica, mas sobretudo prática, assim, elenca os pressupostos processuais, dividindo-os em pressupostos de existência e de validade e situando entre os primeiros a incidência de jurisdição, conforme o seguinte quadro sinóptico:

1. pressupostos processuais de existência (da relação jurídica processual):

1.1. petição inicial;

---

(275) COSTA, Coqueijo. Jurisdição e competência. In: *Jurisprudência Brasileira Trabalhista — JBT*, 20, p. 13.
(276) CARNELUTTI, Francesco. *Op. cit.*, p. 72.

1.2. órgão investido de jurisdição;

1.3. citação;

2. pressupostos processuais de validade (da relação jurídica processual):

2.1. subjetivos:

2.1.1. referentes ao juízo ou juiz:

a) competência (não existência de incompetência absoluta);

b) ausência de impedimento;

2.1.2. referentes às partes:

a) capacidade postulatória;

b) capacidade processual;

c) legitimidade processual;

2.2. objetivos:

2.2.1. petição inicial apta;

2.2.2. citação válida.[277] (WAMBIER, 1997, p. 25/27)

A jurisdição parece se amoldar mais apropriadamente à condição de pressuposto de existência do processo, uma vez que, antes de o juiz avaliar a questão de fundo do processo (*meritum causae*), ou mesmo as condições, deve verificar se incide a jurisdição nacional sobre a controvérsia que se lhe é apresentada. Configura, desse modo, um dos pressupostos da relação jurídica processual, na terminologia de Oskar Von Bülow, em sua célebre *A teoria das exceções processuais e os pressupostos processuais*, de 1868.

◆ **9.2. FORMA DE ARGUIÇÃO**

Cinge-se, aqui, a discussão em saber como a imunidade jurisdicional deve ser suscitada, se como preliminar ou como exceção.

Com suporte no art. 301, X, do CPC, José Mesquita (2002) sugere que a via tecnicamente mais adequada para veicular a questão é a preliminar, em contestação: "(...) podemos concluir que a imunidade de jurisdição deve ser alegada como preliminar da contestação, com fundamento no

---

(277) WAMBIER, Teresa Arruda Alvim. *Nulidades do processo e da sentença*. São Paulo: RT, 1997. p. 25/27.

art. 301-X do CPC, que dispõe sobre a alegação de carência de ação. E não como exceção"[278].

Essa, efetivamente, corresponde à maneira tecnicamente mais correta de sucitar a questão, tendo em vista tratar-se de pressuposto de existência do processo.

Nesse contexto, faz notar o doutrinador aludido que, a seu juízo, a contestação de Estado estrangeiro que postula a isenção jurisdicional deve se ater à arguição da imunidade, sem impugnar os pedidos formulados pelo autor, sob pena de ter seu comportamento interpretado como renúncia à prerrogativa:

> Observo, no entanto, que, se o Estado-réu contestar o mérito da ação estará aceitando a jurisdição nacional e renunciando à imunidade. Assim, se quiser fazer valer a imunidade, deverá simplesmente alegá-la, sem constestar a pretensão de direito material deduzida pelo autor. Não desconheço a orientação jurisprudencial no sentido de que a renúncia à imunidade deve ser expressa. Parece-me, porém, que o Estado soberano que contesta a pretensão do autor pratica ato incompatível com a vontade de fazer valer a imunidade; as duas coisas não podem conviver simultaneamente. Daí a conclusão de que, nesse caso, estaria havendo renúncia à imunidade.[279] (MESQUITA, 2002).

O Eg. TST já manifestou, todavia, em sentido contrário a tal posicionamento, tal como se constata do julgado que a seguir se transcreve:

AÇÃO RESCISÓRIA. INVOCAÇÃO DE IMUNIDADE DE JURISDIÇÃO. OPORTUNIDADE, PARA APRESENTAÇÃO DA RESPOSTA. A reclamada compareceu em juízo e apenas invocou a imunidade de jurisdição. Em tal oportunidade, deveria também ter apresentado sua defesa quanto ao merito da reclamatória. Logo, não acolhida a imunidade arguida, não há como se reabrir prazo para a complementação da defesa. Recurso ao qual se nega provimento. (ROAR n. 241.247/1996, DJ de 5.12.1997, Relator Ministro José Luciano de Castilho Pereira).

◆ **9.3. Citação**

Questão tormentosa concerne ao modo como deverá ser feita a citação do ente de DIP, tendo em vista as implicações diplomáticas que daí podem decorrer.

---

(278) MESQUITA, José Ignacio Botelho de. *Op. cit.*
(279) *Idem.*

O Juiz Novély Vilanova da Silva Reis, após rejeitar a viabilidade de: citação via postal, com apoio no art. 222, alínea c, do CPC; por carta rogatória, ao fundamento de que a Missão Diplomática representa o Estado estrangeiro no Brasil; por oficial de justiça, em razão da inviolabilidade das sedes de Missão Diplomática, sugere a intermediação do Chefe do Departamento Consular e Jurídico do Ministério das Relações Exteriores, para proceder à citação:

> Não é possível a citação por via postal do Estado estrangeiro ou do organismo internacional, por ser pessoa jurídica de direito público externo (CPC, art. 222, alínea c). Não tem sentido a citação por carta rogatória porque a Missão Diplomática representa o Estado estrangeiro/réu acreditado no Brasil. A citação por oficial de justiça não é aconselhável, pois "os locais da Missão são invioláveis, não podendo os agentes do Estado acreditado (o Brasil) neles penetrar sem o consentimento do Chefe da Missão". Além disso, "o Estado acreditado tem a obrigação especial de adotar todas as medidas apropriadas para proteger os locais da Missão contra qualquer intrusão ou dano e evitar perturbações à tranquilidade da Missão ou ofensas a sua dignidade" (Convenção de Viena sobre Relações Diplomáticas, art. 22, itens 1º e 2º).

Diante dessas dificuldades, o juiz deve solicitar, por ofício, ao Chefe do Departamento Consular e Jurídico do Ministério das Relações Exteriores que proceda à citação. O ofício será instruído com cópia da petição inicial e dos documentos. Uma via do ofício com a "nota de ciente" do Chefe da Missão Diplomática, ou a "nota verbal" de recebimento será encaminhada ao juiz para juntada nos autos. Dessa juntada é que se conta o prazo para a resposta (CPC, art. 241, II, por analogia). A citação para a execução há de ser efetuada da mesma forma que a citação para a ação de conhecimento.

Cumpre observar que desde a Reforma Administrativa implantada pelo Decreto-lei n. 200/1967, "as relações diplomáticas e os serviços consulares" são assuntos de competência do Ministério das Relações Exteriores (art. 39). De modo que, por incompatibilidade, está revogado o art. 368 do Código de Processo Penal: "As citações que houverem de ser feitas em legações estrangeiras serão deprecadas por intermédio do Ministro da Justiça[280].

Nesse ponto, José Mesquita (2002) aponta ressalva na via diplomática como solução para as dificuldades na citação de Estado estrangeiro. Após igualmente afastar as outras possibilidades de citação, alude o doutrinador

---

(280) REIS, Novély Vilanova da Silva. *O estado estrangeiro e a jurisdição brasileira*. Disponível em: <http://www.georgemlima.hpg.ig.com.br/dicas/nov3.txt>.

ao incoveniente de que, processado o ato citatório por meio comunicação ao Ministro das Relações Exteriores do Estado-réu, a não apresentação de contestação pelo ente assim citado não lhe poderia acarretar a pena de revelia, pois a citação não teria observado os ditames da lei processual:

> Parece razoável o argumento de que o Estado estrangeiro deva ser citado por meio de sua missão diplomática. (...)
>
> A citação é ato processual que se realiza por ordem judicial. Ou se realiza no próprio país, no próprio Estado do foro — e aí, então, ele se realiza por mandado do juiz — ou se realiza no exterior em cumprimento a carta rogatória expedida pela Justiça brasileira.
>
> Contra a citação por mandado judicial tem-se alegado o inconveniente do ingresso de um oficial de justiça na Embaixada, em cumprimento ao mandado judicial. Parece-me que, uma de duas: ou tem o Chefe da Missão Diplomática poderes para receber citação, ou não os tem. No primeiro caso, está implícita a aquiescência quanto à presença do oficial de justiça na Embaixada. No segundo caso, a presença do oficial de justiça na Embaixada seria inútil, porque a citação deverá ser feita mediante carta rogatória, por via diplomática.
>
> A sugestão de que, por cortesia internacional, seja a citação feita por algum outro modo, como por exemplo, mediante comunicação ao Ministro das Relações Exteriores do Estado-réu, apresenta um inconveniente que não deve ser descurado. Se o Estado-réu citado deste modo não contestar a ação, não lhe poderá ser aplicada a pena de revelia, porque a citação não terá obedecido as normas processuais pertinentes.[281] (MESQUITA, 2002)

◆ 9.4. Representação processual de Estado estrangeiro

A representação do Estado estrangeiro é matéria versada nas Convenções de Viena sobre Relações Diplomáticas[282], promulgada pelo Decreto n. 56.435, de 8 de junho de 1965:

O art. 3º, item 1º, alínea *a*, assim estabelece:

Art. 3º

---

(281) MESQUITA, José Ignacio Botelho de. *Op. cit.*
(282) *Vide* Anexo X.

1. As funções de uma missão diplomática consistem, entre outras, em:

a) representar o Estado acreditante perante o Estado acreditado;

(...).[283]

Desse modo, o Estado estrangeiro é representado pela respectiva Missão Diplomática, que é chefiada por embaixador ou núncio. Entretanto, uma mesma pessoa pode representar dois ou mais, de acordo com o que prevê o art 6º:

> Art. 6º
>
> Dois ou mais Estados poderão acreditar a mesma pessoa como Chefe de Missão perante outro Estado, a não ser que o Estado acreditado a isso se oponha.[284]

Além disso, o Estado estrangeiro poderá se fazer representar por funcionário consular, em caso de inexistir missão diplomática. É o que faculta a Convenção de Viena sobre Relações Consulares[285], promulgada pelo Decreto n. 61.078, de 1967, no seu art. 17, item I:

> Art. 17.
>
> **1.** Num Estado em que o Estado que envia não tiver missão diplomática e não estiver representado pela de um terceiro Estado, um funcionário consular poderá ser incumbido, com o consentimento do Estado receptor, e sem prejuízo de seu *status* consular, de praticar atos diplomáticos.[286]

Finalmente, note-se que, no ajuizamento da ação, o autor deve estar atento para endereçá-la a quem tem legitimidade passiva, o Estado estrangeiro e não seus órgãos ou agentes diplomáticos e consulares, conforme recorda Novély:

> Não se deve propor ação ou reclamação trabalhista contra embaixada, governo, embaixador ou consulado. "Embaixada" é a repartição onde funciona a Missão Diplomática; "governo" é a condução política dos negócios públicos; "embaixador" é o Chefe de Missão; "consulado" é a repartição consular. Legitimado passivamente, portanto, é o próprio Estado estrangeiro, conforme

---

(283) *Vide* Anexo X.
(284) *Vide* Anexo X.
(285) *Vide* Anexo XI.
(286) *Vide* Anexo XI.

a sua denominação internacional. Por exemplo: República Oriental do Uruguai e não "Embaixada do Uruguai".[287]

◆ 9.5. EXECUÇÃO DA SENTENÇA

Uma vez que já foi objeto de investigação no estudo que ora se conduz o tema da imunidade de jurisdição em processo de execução, resta examinar apenas algumas questões procedimentais no tocante à execução de ente de DIP.

Em primeiro lugar, convém salientar que a renúncia à imunidade jurisdicional no processo de conhecimento implica igual renúncia no processo de execução[288], como bem ressalta José Mesquita (2002):

> A imunidade de jurisdição age indiferentemente sobre o processo de conhecimento e sobre o processo de execução. Na imunidade de cognição está compreendida a imunidade de execução e vice-versa: na renúncia à imunidade de cognição está incluída a renúncia à imunidade de execução. Assim é porque o processo de cognição, em tal caso, tem por finalidade precípua a criação de um título executivo judicial a favor do credor e não se pode conceber que a aceitação da jurisdição para tal fim não implique a aceitação da utilidade que se possa extrair da sentença condenatória.
>
> Não vejo como, de boa-fé, possa um estado renunciar à imunidade de cognição e depois, se vencido, pretender opô-la contra a execução da sentença a cuja prolação não se opôs. Seria pouco ética a tese que limitasse a eficácia da renúncia às hipóteses em que o Estado renunciante fosse vencedor.[289] (MESQUITA, 2002).

De outro lado, é de se notar que, em caso de execução fundada em título executivo extrajudicial, ao Estado devedor não foi ainda oferecida a oportunidade de alegar a imunidade de jurisdição. Daí porque deva ser--lhe concedida no processo de execução, devendo o Executado alegá-la

---

(287) REIS, Novély Vilanova da Silva. *O estado estrangeiro e a jurisdição brasileira*. Disponível em: <http://www.georgemlima.hpg.ig.com.br/dicas/nov3.txt>.
(288) Tal entendimento encontra resistência por parte de alguns doutrinadores. É o caso de Georgenor de Sousa Franco Filho, para quem, como visto, ao princípio da dupla imunidade segue o da dupla renúncia. Cf. FRANCO FILHO, Georgenor de Sousa. *Competência internacional da justiça do trabalho*. São Paulo: LTr, 1998. p. 21.
(289) MESQUITA, José Ignacio Botelho de. *Op. cit.*

nas vinte e quatro horas que lhe são conferidas para pagar ou nomear bens à penhora, sob o título de "exceção de pré-executividade"[290].

O silêncio do Estado estrangeiro, após o decurso do prazo aludido, implicará aceitação do foro. Contudo, segundo entende José Mesquita (2002), poderá alegar, ainda, a imunidade dos seus bens, tal como sucede em penhora incidente sobre bem de família. Saber, em seguida, os bens do Estado devedor que se sujeitam à penhora, é questão a ser dirimida mediante embargos do devedor, mas apenas se garantida a instância por meio da penhora de bens[291].

O prosseguimento da execução esbarra em óbice erigido, antes de tudo, pelo atual texto constitucional, que positiva a absoluta impenhorabilidade dos bens das pessoas jurídicas de direito público. O art. 100 da Constituição Federal dispõe:

> **Art. 100.** À exceção dos créditos de natureza alimentícia, os pagamentos devidos pela Fazenda Federal, Estadual ou Municipal, em virtude de sentença judiciária, far-se-ão exclusivamente na ordem cronológica de apresentação dos precatórios e à conta dos créditos respectivos, proibida a designação de casos ou de pessoas nas dotações orçamentárias e nos créditos adicionais abertos para este fim.

Assim, os bens públicos, por mandamento constitucional, não estão submetidos ao regime da penhora, uma vez que o dispositivo trasnscrito estabelece que a satisfação dos créditos contra o Poder Público inadimplente só pode ser realizada via pagamento de precatórios.

Não bastasse a previsão constitucional, o art. 22 da Convenção de Viena sobre Relações Diplomáticas[292] estabelece:

> Art. 22.
>
> 1. Os locais da Missão são invioláveis. Os agentes do Estado acreditado não poderão neles penetrar sem o consentimento do Chefe da Missão.
>
> 2. O Estado acreditado tem a obrigação especial de adotar todas as medidas apropriadas para proteger os locais da Missão contra qualquer instrução ou dano e evitar perturbações à tranquilidade da Missão ou ofensas à sua dignidade.

---

(290) Tal entendimento encontra resistência por parte de alguns doutrinadores. É o caso de Georgenor de Sousa Franco FILHO, para quem, como visto, ao princípio da dupla imunidade segue o da dupla renúncia. Cf. FRANCO FILHO, Georgenor de Sousa. *Competência internacional da justiça do trabalho*. São Paulo: LTr, 1998. p. 21.
(291) MESQUITA, José Ignacio Botelho de. *Op. cit.*
(292) *Vide* Anexo X.

3. Os locais da Missão, seu mobiliário e demais bens neles situados, assim como os meios de transporte da Missão, não poderão ser objeto de busca, requisição, embargo ou medida de execução.

Tal inviolabilidade é assegurada, de igual modo, às Organizações Internacionais (ONU, UNESCO, OEA, OIT etc), *ex vi* do art. II da Convenção sobre Privilégios e Imunidades das Nações Unidas, promulgada pelo Decreto n. 27.784, de 16.2.1950:

Art. II

Bens, fundos e património

Secção 2 — A Organização das Nações Unidas, os seus bens e património, onde quer que estejam situados e independentemente do seu detentor, gozam de imunidade de qualquer procedimento judicial, salvo na medida em que a Organização a ela tenha renunciado expressamente num determinado caso. Entende-se, contudo, que a renúncia não pode ser alargada a medidas de execução.

Secção 3 — As instalações da organização são invioláveis. Os seus bens e património, onde quer que estejam situados e independentemente do seu detentor, estão a salvo de buscas, requisições, confiscos, expropriações ou qualquer outra medida de constrangimento executiva, administrativa, judicial ou legislativa.

Daí por que, costuma-se sugerir que, não havendo embargos à execução ou sendo eles rejeitados, o juiz deva solicitar ao Ministério das Relações Exteriores o recurso aos "meios diplomáticos"[293] cabíveis em ordem a dar cumprimento à sentença, lançando mão de carta rogatória, observando-se os procedimentos previstos nos textos convencionais.

Ao juiz que se vir na aflitiva contingência de fazer cumprir comando exequendo contra ente de DIP, além do emprego dos canais diplomáticos, não resta outra alternativa senão a de perquirir sobre a existência de bens

---

(293) Interessante, a esse respeito, a descrição do Embaixador Lúcio Pires de Amorim, Diretor-Geral de Assuntos Consulares, Jurídicos e de Assistência a Brasileiros no Exterior: "O final do processo ocorre quando os senhores [juízes] comunicam as suas sentenças ao Itamaraty para que informe à missão diplomática estrangeira, e, em caso de condenação, o chefe do cerimonial do Itamaraty, que lhe faz a entrega da nota que encaminha a sentença em mãos. É encarecido ao representante estrangeiro respeito à decisão da Justiça brasileira. O resultado dessa gestão diplomática é muito variável. Algumas missões acatam a decisão, enquanto muitas outras simplesmente a ignoram. O Itamaraty volta a instar o cumprimento da sentença quando provocado pelo juiz do feito ou, em casos um pouco mais raros, por solicitação da parte prejudicada". AMORIM, Lúcio Pires de. Imunidade de execução: a questão da exequibilidade de decisões judiciais contra Estados estrangeiros. In: *Série Cadernos do CEJ*, v. 19, Imunidade soberana: o Estado estrangeiro diante do juiz nacional. Conselho da Justiça Federal. Centro de Estudos Judiciários. Brasília: CJF, p. 44, 2001.

não afetados à representação diplomática ou consular, e/ou que não frustrem o desempenho dos misteres das organizações internacionais, conforme já aventado em tópico anterior.

Uma última observação faz-se necessária quanto às repercussões do descumprimento de decisão transitada em julgado por Estado estrangeiro. Coloca-se aí impasse quase insolúvel, uma vez que mesmo os instrumentos mais cogentes de que dispõe o direito internacional carecem de certo voluntarismo dos membros da comunidade internacional. Que dirá uma sentença proferida por juiz nacional? Novély assim responde à indagação:

> E se o Estado estrangeiro/réu não cumprir o julgado proferido pelo órgão judiciário brasileiro? Nesse caso, instaura-se um "litígio internacional", considerando que a sentença ou o acórdão traduz uma manifestação de soberania estatal. A solução desse conflito é disciplinada pelas regras do Direito Internacional Público, conforme os princípios gerais de direito, os costumes, os tratados e as convenções. O juiz não deve se envolver com essa delicada questão.[294]

Caberia, dessa forma, ajuizamento de ação contra o Estado estrangeiro na Corte Internacional de Justiça, que avaliaria as repercussões jurídico-internacionais do descumprimento de decisão nacional.

Há quem sugira, ademais, que a União institua fundo destinado ao pagamento de débitos trabalhistas contraídos por pessoas jurídicas de DIP para que, em caso de recusa de cumprimento do comando exequendo, possa pagar ao empregado as verbas deferidas e, então, por meio da diplomacia, obter ressarcimento ou compensação pelas despesas realizadas[295].

De todo modo, saliente-se que, estatisticamente, o número de sentenças cumpridas anima o ajuizamento de ações contra entes de DIP, e, naquelas hipóteses nas quais se mostrar dificultoso o desenrolar do processo, sempre se pode contar com a via diplomática, conforme já ressaltado.

---

(294) REIS, Novély Vilanova da Silva. *O estado estrangeiro e a jurisdição brasileira*. Disponível em: <http://www.georgemlima.hpg.ig.com.br/dicas/nov3.txt>.
(295) É o caso de Márcio Pereira Pinto Garcia, para quem "a União pagará porque é condutora das relações internacionais". GARCIA, Márcio Pereira Pinto. *Op. cit.*, p. 33.

10 QUESTÕES JURISFILOSÓFICAS

◆ **10.1. IMUNIDADE JURISDICIONAL ABSOLUTA E CONSEQUENCIALISMO**

Representa uma visão claramente utilitarista a contraposição que alguns tendem a estabelecer — quando buscam preservar, de forma absoluta, a imunidade jurisdicional em questões laborais — entre "bem comum internacional" e "bem particular do empregado"[296]. O cotejo faz lembrar as máximas de Stuart Mill (1861): "é melhor ser um homem insatisfeito do que um porco satisfeito; é melhor ser um Sócrates insatisfeito do que um idiota satisfeito"[297], em que se apresenta como menos grave a discutível ponderação acerca da hierarquização dos valores e mais preocupante o falso dilema que se apresentado por esse raciocíonio consequencialista, em que o valor moral de uma ação é uma função das consequências boas ou más que produz.

Em *Uma Teoria da Justiça*, o célebre livro de John Rawls (1971), em um resgate do contratualismo, tece críticas bastante pertinentes e oportunas ao pensamento utilitarista, afirmando que este fracassa enquanto teoria moral. O filósofo americano dirige sua investigação à formulação da teoria utilitarista dada por Henry Sidgwick (1971, p. 22) (em *The Methods of Ethics*),

---

[296] Tal dilema encontra-se delineado, *v. g.*, em Georgenor de Sousa que o sintetiza, de forma emblemática, nos seguintes termos: "Coloca-se, no caso do Juiz do Trabalho, não na defesa do hipossuficiente brasileiro, beneficiário das relações internacionais que mantemos, e, mais e acima de tudo, visará o melhor relacionamento entre todos os povos e todas as Nações". FRANCO FILHO, Georgenor de Sousa. *Imunidade de jurisdição trabalhista dos entes de direito internacional público*. São Paulo: LTr, 1986. p. 160.

[297] No original: "It is better to be a human being dissatisfied than a pig satisfied; better to be Socrates dissatisfied than a fool satisfied". Cf. MILL, Stuart. *Utilitarianism*. Disponível em: <http://etext.library.adelaide.edu.au/m/m645u/util02.html>.

segundo a qual "uma sociedade está ordenada de forma correta e, portanto, justa, quando suas instituições mais importantes estão planejadas de modo a conseguir o maior saldo líquido de satisfação obtido a partir da soma das participações individuais"[298].

O bem comum de acordo com essa perspectiva, segundo Rawls (1971), consistiria no somatório total e coletivo da satisfação de interesses e necessidades, ainda que os interesses e necessidades de determinados indivíduos resultem, eventualmente, insatisfeitos. O utilitarismo, portanto, estaria exclusivamente voltado para a "maximização da felicidade coletiva, sem se preocupar com o modo como esta é distribuída, a saber, se de uma maneira justa ou injusta, entre todos os membros da sociedade"[299], de onde decorre a indiferença da leitura utilitarista relativamente a questões de justiça.

O "teleologismo", que permeia as ideias utilitaristas, transmudando o valor moral dos atos de acordo com as finalidades visadas, intrumentalizaria, por conseguinte, a avaliação moral, remetendo-a a fatores extrínsecos.

Daí por que Rawls (1971) entenda que, no utilitarismo, o bem (*the good*) define-se dissociadamente do justo (*the right*), e então o justo (*the right*) é definido como aquilo que maximiza o bem (*the good*).

Na mesma linha, convém destacar a postura de Ronald Dworkin (1985), que também se contrapõe ao utilitarismo, opondo à postura pragmatista e positivista, uma concepção apoiada em princípios. A principiologia de Dworkin (1985), por sua vez, respalda-se nos direitos individuais, que deveriam prevalecer em face dos objetivos sociais[300].

Ora, essas mesmas reflexões críticas dirigidas ao utilitarismo moral se aplicam, *mutatis mutandis*, ao exame da questão que aqui se descortina.

Com efeito, a preocupação com a justiça na solução das controvérsias trabalhistas envolvendo entes de direito internacional público fica relegada a um segundo plano na percepção dos que entendem imperiosa a absolutização da prerrogativa da imunidade de jurisdição. Importaria tão somente ter presente a preservação do bom relacionamento entre as nações.

A premissa de que se parte aí é a ausência de valor intrínseco dos valores corporificados tanto nos direitos trabalhistas cuja defesa se

---

(298) RAWLS, John. *A theory of justice*. Cambridge: Harvard University, 1971. p.22.
(299) ESTEVES, Júlio. *Críticas ao utilitarismo por Rawls*. Disponível em: <www.cfh.ufsc.br/ethic@/ETHIC1~6.PRN.pdf>.
(300) DWORKIN, Ronald. *A matter of principle*. Cambridge: Harvard University, 1985.

obstaculizaria quanto no próprio direito de acesso à jurisdição que se estaria frustrando.

Consectário lógico desse raciocínio é a imolação de interesses ditos "individuais" em nome do "bem comum" nacional, ou melhor, internacional, o que conduz ao olvido da deontologia que deve sobrepairar na atuação do operador do direito.

O juiz do trabalho que se visse na contingência de examinar lide envolvendo pessoa jurídica estrangeira, ao trilhar a senda utilitarista, deixaria de reconhecer propriedades intrínsecas nos valores inscritos em direitos como o de remuneração digna, jornada do empregado, trabalho compatível com as necessidades físicas, mentais, e sociais do empregado, preservação do bem-estar físico e emocional, e tantos outros que compõem um conjunto de garantias cujo reconhecimento demandou embates históricos do trabalhador, em que se colheu sangue e suor dos trabalhadores.

Por fim, acentue-se que, na contraposição de início aludida, entre "bem comum internacional" e "bem particular do empregado", não há senão uma falsa oposição. O que se verifica, em verdade, é um dilema entre "levar às últimas consequências a jurisdição", com todos os custos diplomáticos decorrentes, ou "poupar o estado estrangeiro ou organização internacional do constrangimento diante de outro membro da comunidade internacional".

◆ **10.2. IMUNIDADE JURISDICIONAL EM UMA PERSPECTIVA TÓPICO-RETÓRICA**

O filósofo contemporâneo Chaim Perelman, nascido em 1912, em Varsóvia, foi autor de obras de imensa influência na filosofia do direito sobretudo do final século passado e início do presente, como *De la justice* (1945), *Rhetórique et Philosophie* (1952), *Traité de l´Argumentation* (1958), *Justice et Raison* (1963), *Le champ de l´Argumentation* (1970), *Droit, Morale et Philosophie* (1976), *L´empire rhétorique* (1977), *Logique Juridique* (1979) e *Le Raisonnable et le Déraisonnable en Droit* (1984)[301]. (PONTES et al. 2002)

Perelman (2002, p. 3), no que se identifica com a filosofia de Recaséns Siches (1973)[302], propugna a adoção de uma lógica na ciência jurídica com

---

(301) PONTES, Kassius Diniz da Silva; CÔRTES, Osmar Mendes Paixão; KAUFMANN, Rodrigo de Oliveira. *O raciocínio jurídico na filosofia contemporânea*: tópica e retórica no pensamento de Theodor Viehweg e Chaïm Perelman. São Paulo: Carthago, 2002. p. 121/122.

(302) Para o filósofo mexicano, a lógica formal, do racional (dedutivista ou silogística), deveria muitas vezes ceder lugar ao que denominou de "lógica do razoável" no campo da Ciência do Direito, porquanto esta tem por escopo sistematizar a compreensão acerca de fenômenos e/ou ideias que não ostentam

fins retóricos e argumentativos que, distanciando-se da lógica formal ou matemática, vincula-se a pressupostos de razoabilidade, conforme se visualiza do seguinte excerto de sua Lógica Jurídica:

> O papel da lógica formal consiste em tornar a conclusão solidária com as premissas, mas o papel da lógica jurídica é demonstrar a aceitabilidade das premissas. Esta resulta da confrontação dos meios de prova, dos argumentos e dos valores que se defrontam na *lide*; o juiz deve efetuar a arbitragem deles para tomar a decisão e motivar o julgamento.[303]

O viés metodológico de Perelman foi compartilhado também por Theodor Viehweg.

Viehweg nasceu em Leipzig, na Alemanha, em 30 de abril de 1907, tendo fundado, ao lado de Rudolf Laun, *Archiv für Rechts und Sozialphilosophie* que, muito rapidamente, tornou-se publicação periódica das mais proeminentes do mundo no campo da filosofia jurídica. Publicou, dentre outros, os seguintes livros: *Über den Zusammenhang zwischen Rechtsphilosophie, Rechtstheorie unnd Rechtsdogmatik* (1960), *La "Logique Moderene" du Droit* (1965), *Some considerations concerning legal reasoning* (1969), *Zur Zeitgenössischen Fortentwicklung der juristischen Topik* (1973), *Rhetorik Sprachpragmatik, Rechts Theorie* (1978), *Reine und Rhetorische Rechtslehre* (1981) e *Zur Topik, insbesondere auf juristischem Gebiete* (1981)[304]. (PONTES *et al.* 2002)

Marcado por concepções oriundas da retórica aristotélica, o filósofo alemão veio a ser conhecido como tópico-dialético. No tocante à sua abordagem, Karl Engish (1988, p. 381/382), em preciosa síntese, descreve a trajetória histórica da tópica de Viehweg:

> Isto entende-se muito bem se neste ponto transitarmos para um conceito para o qual no ano 1953 o filósofo de direito de Mongúncia Theodor Viehweg veio chamar a atenção, e que subsequentemente se tornou objecto de viva discussão, para um conceito do qual podemos dizer que encontra o seu lugar próprio no limiar entre a metódica jurística e a reflexão jurídico-filosófica.

---

pureza imaculada. Nessa perspectiva, as normas de direito positivo não constituem enunciados de ideias com validade intrínseca, como as proposições matemáticas. Cf. SICHES, Luis Récasens. *Nueva filosofía de la interpretación del derecho*. 2. ed. México: Porrúa, 1973.

(303) PERELMAN, Chaïm. *Lógica jurídica*. Tradução de Vergínia K. Pupi. São Paulo: Martins Fontes, 2000. p. 3.

(304) PONTES, Kassius Diniz da Silva; CÔRTES, Osmar Mendes Paixão; KAUFMANN, Rodrigo de Oliveira. *Op. cit.*, p. 65/66.

Quero referir-me ao conceito da "Tópica". Este conceito, que já aparece no "Organon", na grandiosa Lógica de Aristóteles, e aí é aplicado a argumentos que se não apoiam em premissas seguramente "verdadeiras", mas antes em premissas simplesmente plausíveis (geralmente evidentes ou que pelo menos aos "sábios" como verdadeiras), sofreu no transcurso da sua evolução histórica variadas modificações, associou-se à retórica, encontrou também guarida na dialética forense, mereceu ainda uma vez mais acolhimento em Vico (num escrito do ano 1703), mas que na era moderna, porque o pensamento se voltou para métodos científicos mais exactos, tais como os que foram elaborados na ciência natural matemática, em pensadores como Kant foi considerado o lugar da "esperteza" e da conversa fiada. Ora Viehweg vem recordar a Tópica como "técnica do pensar por problemas" que se ajusta muito bem à jurisprudência, no reconhecimento (em si inteiramente correcto) em que precisamente os métodos preferencialmente exactos da fundamentação dos enunciados científicos, designadamente os métodos axiomáticos-dedutivos, que, a partir de um número limitado de premissas apropriadas (eventualmente apenas postas como fundamentos hipotéticos), compatíveis e independentes entre si, alcança um amplo sistema de enunciados teóricos segundo as regras da lógica formal — de que tais métodos, dizíamos, não são propriamente os que importam para a teoria e a prática jurídicas.[305]

A tópica subdivide-se, na visão do teórico tedesco, em uma tópica de primeiro grau e outra de segundo grau, que correspondem, em verdade, a dois momentos do processo de busca de soluções jurídicas para os problemas que se apresentam. A primeira etapa do raciocínio tópico, na explicação de Viehweg (1976, p. 36) em seu clássico *Topik und Jurisprudenz*, desenvolve-se do seguinte modo:

> Quando se depara, onde quer que seja, com um problema, pode-se naturalmente proceder de um modo simples, tomando-se, através de tentativas, pontos de vistas mais ou menos casuais, escolhidos arbitrariamente. Buscam-se deste modo premissas que sejam objetivamente adequadas e fecundas e que nos possam levar a consequências que nos iluminem. A observação ensina que na vida diária quase sempre se procede desta maneira. Nestes

---

(305) ENGISH, Karl. *Introdução ao pensamento jurídico.* Lisboa: Calouste Gulbenkian, 1988. p. 381/382.

casos, uma investigação ulterior mais precisa faz com que a orientação conduza a determinados pontos de vista diretivos. Sem embargo, isto não se faz de uma maneira explícita. Para efeito de uma visão abrangente, denominemos tal procedimento de tópica de primeiro grau.[306]

Em um primeiro momento, desse modo, os argumentos seriam trazidos naturalmente ao interlocutor, como se o problema trouxesse, em si, as pistas que indicam o caminho para sua solução. A organização dessas primeiras ideias contidas no próprio problema, realizada segundo variados títulos e critérios, forneceria os *topoi* — enunciados diretivos — para formar a tópica de segundo grau.

Pode-se afirmar, analisando os pontos de contato entre Perelman e Viehweg, que ambos os jurisfilósofos, contemplando os estertores do rigor lógico-formalista do positivismo jurídico, anunciam o nascimento de nova filosofia do direito apoiada na lógica do razoável e no método axiomático-dedutivo.

Ao defrontar-se com situação jurídica complexa, máxime em se tratando de matéria que não encontra resposta no ordenamento jurídico positivo, apresentam-se muito valiosas ao intérprete as contribuições de Perelman e Viehweg. Em uma metodologia que se poderia qualificar como tópico-retórica, a questão da imunidade de jurisdição pode ser, portanto, apreciada de forma ao mesmo tempo lógica e axiomática.

Aqui se traz a lume problema em que o operador jurídico vê-se obrigado a sopesar dois grupos de princípios: os que dão suporte à imunidade jurisdicional dos entes de DIP, provenientes do direito internacional público costumeiro (soberania — *par in parem* —, e a boa convivência entre as nações, ou, aos menos, na *comitas gentium*), e os que oferecem proteção ao empregado (norma mais favorável, boa-fé e enriquecimento sem causa, dentre outros).

Consoante o pertinente registro de Nadia Araújo (2002) coube ao Tribunal Constitucional Alemão, em 1958, emprestar nova função positiva aos direitos fundamentais, na célebre decisão Lüth, em que foram lançadas as bases teóricas para o desenvolvimento ulterior dos efeitos desses direitos em outras áreas do direito, no que passou a ser conhecido como "efeito horizontal". No emblemático caso levado à apreciação da Corte Superior Alemã, a decisão da *Bundesverfassungsgericht* fundou-se na análise princi-

---

(306) VIEHWEG, Theodor. *Tópica e jurisprudência*. Tradução de Tércio Sampaio Ferraz Júnior. Brasília: Departamento de Imprensa Nacional, 1979. p. 36.

piológica do caso concreto, na qual contrapostos direitos fundamentais protegidos pela Constituição e normas de direito civil, deu-se prevalência aos primeiros[307].

De modo semelhante, *modus in rebus*, entre os princípios que amparam a imunidade dos estados e aqueles que protegem os trabalhadores, há que se optar por estes últimos. De acordo com a investigação de direito comparado retratada no Capítulo IV, item 2, da presente monografia essa foi, aliás, a opção hermenêutica que fizeram os legisladores, juízes e doutrinadores de inúmeros países.

A análise empreendida, a partir de uma lógica argumentativa, leva em conta, antes de tudo, os valores que se almeja resguardar, para então alcançar alguma conclusão. "Essa valoração", no entender da aludida autora, "impõe uma escolha, baseada em uma ética justa, cuja primazia está com os direitos fundamentais, o que nem sempre é evidente à primeira vista"[308].

À luz dessas referências, o conteúdo axiológico que permeia as relações de trabalho sabidamente privilegia o empregado em detrimento do empregador, de sorte que, em homenagem ao princípio solar no direito do trabalho da proteção[309], sempre há de preferir-se interpretação favorável ao hipossuficiente.

Ora, os direitos trabalhistas fundamentais e irrenunciáveis a que porventura faça jus o empregado de pessoa jurídica de DIP, apenas poderiam ser efetivamente objeto de prestação jurisdicional se apreciados pelo Poder Judiciário local, tendo em vista os evidentes obstáculos ao eventual ajuizamento de ação em país estrangeiro.

Sendo assim, a oposição que, em última análise, se coloca é entre os próprios direitos do trabalhador e as prerrogativas imunitárias concedidas aos entes de DIP. Induvidoso, nessa perspectiva, que a escolha do operador jurídico deve recair sobre os primeiros.

Reputa-se muito oportuna, nesse contexto, a conclusão de Nadia Araújo (2002, p. 17), em artigo sobre o tema:

> As situações jurídicas atuais, por seu dinamismo e mudanças constantes, exigem agilidade nas soluções, sendo insuficiente o estabelecimento prévio de um catálogo de regras fixas abrangentes.

---

(307) ARAÚJO, Nadia de. *Direitos fundamentais e imunidade de jurisdição:* comentários tópicos ao RE n. 222.368 do STF. Disponível em: <http://www.cedi.org.br/Eventos/imunidade/palestraspdf/nadia.pdf>.
(308) ARAÚJO, Nadia de. *Op. cit.*
(309) Cf. RODRIGUEZ, Américo Plá. *Princípios de direito do trabalho.* São Paulo: LTr, 1978.

Assim, a utilização do método retórico-argumentativo é o indicado para elucidar os problemas dali advindos — pois, ao aplicá-lo ao caso concreto, poder-se-á chegar a uma solução adequada através das guias para orientação dadas ao intérprete — que então terá como justificar suas decisões, livrando-nos de uma discricionariedade excessiva e indesejável posta nas mãos do julgador. No caso em comento, abandonou-se a antiga retórica das razões de estado, em que a justificativa para a imunidade de jurisdição residia no princípio *par in parem non habet judicio*, para dar primazia à defesa do cidadão e de seus interesses, protegidos constitucionalmente, e que face a situação da antiga imunidade absoluta não poderiam ser prejudicados.[310]

◆ 10.3. IMUNIDADE JURISDICIONAL A PARTIR DO DIREITO NATURAL

De início, faz-se mister destacar que a do Direito Natural assumiu inúmeras formas ao longo da história do pensamento jurídico-filosófico, sendo ainda hoje interpretada de diferentes modos pelos filósofos do direito.

Nesse contexto, na lição de Ives Gandra da Silva Martins Filho (1992), dentre as várias leituras já propostas ao direito natural, é possível contrapor duas posturas principais: a visão iluminista-racionalista e a percepção tomista.

O jusnaturalismo racionalista, empregando uma metodologia dedutiva, chega a conclusões segundo as quais todas as situações possíveis poderiam ser objeto de disciplina normativa por regras naturais. Já o jusnaturalismo tomista, utilizando o método indutivo, parte da constatação da existência de um núcleo elementar de princípios e regras fundamentais dotados de universalidade e atemporalidade, que encontram sua explicação última na natureza humana[311]. (MARTINS FILHO, 1992, p. 51/52)

Uma das mais ponderáveis críticas que se formula à primeira escola é a pretensão de explicar todo o direito positivo com fundamento no direito natural, como bem observa Martins Filho (1992, p. 58): "(...) o ponto vulnerável do jusnaturalismo racionalista estava justamente na pretensão de deduzir, através da razão, todo o Direito Positivo a partir do Direito Natural"[312]. (MARTINS FILHO, 1992, p. 58)

---
(310) ARAÚJO, Nadia de. *Op. cit.*, p. 17.
(311) MARTINS FILHO, Ives Gandra da Silva. *A legitimidade do direito positivo*. Rio de Janeiro: Forense Universitária, 1992. p. 51-52.
(312) *Ibidem*, p. 58.

Essas são, essencialmente, as razões pelas quais entende-se mais conveniente recorrer à teoria tomista para explicar a adoção da tese da imunidade relativa.

Conforme ensina Vecchio (1972, p. 81), a doutrina tomista pode ser assim sintetizada.

> A Santo Tomás de Aquino se deve a sistematização mais orgânica do pensamento cristão. (...). O fundamento da doutrina jurídica e política tomista é a admissão de três categorias de leis: *Lex aeterna, Lex naturalis* e *Lex humana*. A primeira é a própria razão divina, governadora do mundo — *radio divinae sapientiae* — de ninguém conhecida inteiramente em si, mas da qual o homem pode obter conhecimento parcial através das suas manifestações. A *Lex naturalis*, porém, já é diretamente cognoscível pelos homens por meio da razão, pois consiste em uma participação da criatura racional na lei eterna, de harmonia com a própria capacidade. A *Lex humana* é, por último, invenção do homem, mediante a qual, utilizando-se os princípios da lei natural, se efetuam aplicações particulares dela. Mas a lei humana pode derivar da natural de duas maneiras: *per modum conclusionum e per modum determinationis*.[313]

A filosofia tomista, assim como em vários outros pontos, também aqui encontra arrimo em Aristóteles[314], que foi o predecessor da tentativa de "captar as formas naturais de vida em sociedade", com fundamento na premissa de que existe uma natureza humana que constitui a identidade entre os homens no tempo e no espaço[315]. (MARTINS FILHO, 1992, p. 59).

O método empregado por Santo Tomás de Aquino para apreender as normas do *jus naturale* contava com a observação e a experiência: *quae pertinent ad scientiam moralem maxime cognoscuntur per experientiam*.

Na *Quaestio 94 — De lege naturali* da Suma Teológica, o Santo Escolástico descreve o modo como os princípios elementares da ordem moral seriam

---

(313) VECCHIO, Giorgio del. *Lições de filosofia do direito*. Coimbra: Armênio Amado, 1972. p. 81.

(314) A formulação de Aristóteles sobre o conceito de natureza humana foi talvez a que maior impacto teve na história do pensamento ocidental. Segundo a concepção aristotélica, cada espécie tem sua própria natureza à qual correspondem certas capacidades de atuação cujo fim é precisamente realizar-se ou atualizar-se. O homem é por natureza um ser social ("um animal político", Política, Livro I, Capítulo 2), de forma que, por natureza, tende a viver em comunidade e a constituir formas de organização mais perfeitas, como o Estado. Identificar estas tendências naturais significa descobrir o que o homem é por natureza, assim como definir o comportamento que tende a adotar. Nesse contexto, as leis naturais são necessárias para que o homem atinja a sua finalidade (*Ética a Nicômaco*, Livro X, Capítulo 9). Cf. ARISTÓTELES. *A política*. Tradução de Roberto Leal Ferreira. São Paulo: Martins Fontes, 1991. *Ética a Nicômaco*. Tradução publicada sob licença da Edunb — Editora Universidade de Brasília. São Paulo: Nova Cultural, 1996.

(315) MARTINS FILHO, Ives Gandra da Silva. *Op. cit.*, p. 59.

"percebidos imediata e intuitivamente pelo intelecto, sem necessidade de demonstração", graças ao que denomina sinderese.

Nesse ponto, Santo Tomás reporta-se à doutrina corrente na escolástica medieval. A sinderese seria um hábito, que contém os preceitos da lei natural, princípio primeiro das obras humanas:

> Dicendum quod synderesis dicitur lex intelectus nostri, inquantum est habitus continens praecepta legis naturalis, quae sunt prima principia operum humanorum.[316]

Como bem posto por Marins Filho (1992, p. 62), "a sinderese, como qualidade permanente do intelecto prático, consistiria na capacidade natural que o homem tem de, prontamente, abstrair do sensível, as noções primárias da ordem prática"[317].

Por meio dessa faculdade, portanto, o homem poderia conhecer os princípios morais que orientam o comportamento humano de modo a permitir que sejam alcançadas suas finalidades últimas, *i. e.*, que o realizam enquanto homem.

Daí deriva a possibilidade de construção de um sistema de direitos elementares, em que se estabelecem nortes que orientam os operadores do direito: o legislador a erigir o direito positivo por sobre os alicerces dos direitos fundamentais, o juiz a aplicar as normas de forma condizente com a carga axiológica essencial que as informam, e o intérprete a realizar hermenêutica compatível com tais referenciais mínimos.

A metodologia do jusnaturalismo tomista, tal como brevemente descrita, serve, antes de tudo, para fixar critérios que permitam avaliar a legitimidade do direito posto.

Tecidas essas considerações, passa-se à aplicação de tais referenciais ao tema da imunidade de jurisdição, de que se ora ocupa.

Duas são as possíveis abordagens para, desde uma perspectiva jusnaturalista tomista, legitimar, com apoio no direito natural, a escolha pela imunidade restrita: uma com enfoque nos direitos trabalhistas e outra com ênfase no direito de ação.

De um lado, sob a primeira ótica, é possível encarar os direitos do trabalhador como direitos que decorrem da natureza humana.

---

(316) AQUINO, Santo Tomás de. *Summa theologiae*, Ia IIae, q. 94, art. 1º, ad 2. MicroBook Studio 2.06, 2002.
(317) MARTINS FILHO, Ives Gandra da Silva. *Op. cit.*, p. 62.

É bem verdade que não são todos os direitos trabalhistas que podem ser deduzidos de forma direta ou imediata da lei natural.

O direito a um salário justo é, contudo, um dos que se encontram entre os direitos fundamentais do homem, de forma inconteste.

Como critérios para aferir a justiça na contraprestação ao trabalho executado pelo trabalhador, são usualmente apontados dois pressupostos: 1) a circunstância de o valor do salário percebido assegurar nível de vida digno e humano (a ideia do salário mínimo repousa exatamente nessa ideia); e 2) a proporção entre a tarefa realizada e a sua retribuição (equacionando-se capacidade retributiva da empresa e a energia despendida pelo empregado)[318].

Ora, considerando-se que: as parcelas de natureza salarial (13º salário, férias, horas extras, etc.) integram a remuneração justa e correspondem às postulações comumente deduzidas nas ações contra entes de DIP; ambos os critérios aludidos apenas podem ser efetivamente aplicados se levadas em conta as conjunturas socioeconômicas do local em que a prestação laboral tem lugar; o legislador pátrio (em tese) ao disciplinar as relações trabalhistas teve presente essas particularidades regionais; a lei a incidir sobre a controvérsia laboral deve ser, assim, a do lugar em que o serviço é prestado, independentemente da nacionalidade das partes[319]; as cortes nacionais, por óbvio (em virtude dos conhecimentos específicos de ordem jurídica, cultural, social e econômica que detêm, da maior facilidade de que dispõem para a instrução probatória, dos meios operacionais com que contam para impulsionar mais celeremente o processo, entre outros inúmeros motivos), possuem os meios para aplicar a lei de seu próprio país com maior acuidade que os tribunais estrangeiros o fariam; forçoso convir que a jurisdição nacional deva incidir, em matéria laboral, sob pena de haver malferimento dos direitos fundamentais do trabalhador que decorrem da lei natural. Segue essa direção a pertinente lição de Gerson de Brito Mello Boson:

> (...) representa-se caso típico de *summum jus summa injuria*, de vez que o Estado estrangeiro arrogar-se-ia como titular de um direito extremado para esmagar os direitos naturais do empregado que lhe prestou satisfatoriamente os serviços desejados.[320]

---

(318) MARTINS FILHO, Ives Gandra da Silva. Salário social e salário justo. In: *Revista LTr*, p. 1.069/1.073, set. 1990.

(319) É o princípio da *lex loci executionis* sufragada, dentre outros, pelo Código Bustamante. Esta é, aliás, a diretriz fixada pela CLT, no seu art. 651 e pela Súmula n. 207 do TST.

(320) BOSON, Gerson de Britto Mello. Imunidade jurisdicional dos estados. In: *Revista de Direito Público*, n. 22, Doutrina, p. 35.

De outro lado, quanto ao direito de ação, pode-se afirmar que antecede lógica, embora não cronologicamente, o Estado[321], consistindo direito humano que também encontra suporte na lei natural e a que corresponde poder-dever do Estado de oferecer prestação jurisdicional a seus cidadãos. Convém, nesse contexto, recordar o que a Declaração Universal dos Direitos do Homem assegura no seu art. VIII:

> Art. VIII.
>
> Toda pessoa tem direito a recurso para as jurisdições nacionais competentes contra os atos que violem os direitos fundamentais reconhecidos pela Constituição ou pela lei.

Ora, cuidando-se de direito cuja garantia compõe o sentido instrumental do Estado e, em última análise, constitui um dos elementos que integram a sua própria razão de ser, qualquer restrição que impeça seu pleno exercício esvazia de sentido a própria existência do ente estatal, no tocante a uma de suas atribuições fundamentais, a jurisdição.

Importa recordar que, conforme já salientado, a submissão à jurisdição estrangeira equivale, na prática, à negativa de prestação jurisdicional, de modo que os direitos postulados resultariam, por fim, não apreciados, se acolhida a imunidade jurisdicional.

Não se pode redarguir que a submissão à jurisdição nacional poderia conduzir a mal-estar na convivência entre os Estados, do qual poderia resultar até mesmo, se radicalizado o conflito, eventual guerra (a *ultima ratio*). Isso porque, longe de contribuírem para a desestabilização das relações internacionais, o respeito aos direitos previstos na legislação nacional e a sua apreciação pelos foros nacionais, fortalecem o equilíbrio entre as nações, já que harmonizam as situações conflituosas havidas no domínio interno dos Estados. A esse propósito, o magistério do Papa João Paulo II (1981), na Encíclica *Laborem Exercens*, IV, 16, revela-se sobremaneira acertado:

> Se o trabalho — nos diversos sentidos da palavra — é uma obrigação, isto é um dever, ele é ao mesmo tempo fonte também de direitos para o trabalhador. Tais direitos hão de ser examinados no vasto contexto do conjunto dos direitos do homem, direitos que lhe são conaturais, tendo sido muitos deles proclamados pelas várias instituições internacionais e estão a ser cada vez mais

---

(321) Enquanto monopólio do uso da força, o Estado surge sobretudo para afastar a autocomposição dos conflitos de interesses intersubjetivos oferecendo a heterocomposição por meio da jurisdição. O direito de ação, nessa perspectiva.

garantidos pelos diversos Estados para os respectivos cidadãos. **O respeito deste vasto conjunto de direitos do homem constitui a condição fundamental para a paz no mundo contemporâneo: quer para a paz no interior de cada país e sociedade, quer para a paz no âmbito das relações internacionais**, conforme já muitas vezes foi posto em evidência pelo Magistério da Igreja, especialmente após o aparecimento da Encíclica *Pacem in Terris*. Os direitos humanos que promanam do trabalho inserem-se, também eles, precisamente no conjunto mais vasto dos direitos fundamentais da pessoa.[322]

---

(322) PAULUS, PP, Ioannes. II. *Encíclica laborem exercens*, IV, 16. Disponível em: <http://www.vatican.va/edocs/POR0068/_INDEX.HTM>.

CONCLUSÕES

Como primeira conclusão de um estudo como o presente não se pode deixar de fazer notar a complexidade do tema e os variados matizes com que se vê retratada a matéria pelas diferentes leituras de doutrinadores, juízes e legisladores.

Em seguida, são alinhavadas, de forma sucinta, algumas das ilações decorrentes da investigação que se empreendeu:

1. A imunidade de jurisdição constitui garantia excepcional concedida aos entes de direito internacional público de não se sujeitarem à atuação do poder jurisdicional de Estado nacional.

2. O instituto tem natureza polifacetada, que exige, para sua plena compreensão, uma abordagem multidisciplinar, com enfoque recortado de diferentes ramos do Direito Doméstico (Constitucional, Processual, Civil, Comercial, Trabalhista, Penal) e do Direito Internacional Público.

3. Quanto ao seu fundamento, as teorias da extraterritorialidade e soberania foram superadas pela teoria do interesse da função, que o faz repousar sobre o sentido instrumental dos agentes diplomáticos e consulares.

4. No tocante à sua evolução histórica, a prerrogativa que teve origem vinculada ao princípio *par in parem non habet imperium*, como privilégio absoluto de que desfrutavam os soberanos, o qual se estendeu, paulatinamente, com o surgimento dos estados nacionais, aos entes estatais.

5. A trajetória percorrida pela imunidade jurisdicional conferida aos estados encontra-se atrelada às vicissitudes que marcaram a soberania estatal projetada no âmbito das relações internacionais.

6. Ostentando, de início, caráter absoluto, com o tempo, a imunidade de jurisdição estatal foi se relativizando, máxime com apoio na distinção

entre atos de império (*acta iure imperii*) e atos de gestão (*acta iure gestionis*), que, não obstante as críticas doutrinárias, persiste como critério adotado pelos legisladores de inúmeros países.

7. A Convenção Europeia de 1972, que estabeleceu como uma das exceções à imunidade de jurisdição a controvérsia decorrente de contrato de trabalho, figura como marco normativo paradigmático que inspirou a legislação de diversos Estados, e inclusive o Projeto de Convenção sobre Imunidades Jurisdicionais dos Estados e de Seus Bens adotado pela Comissão de Direito Internacional — CDI — da Organização das Nações Unidas — ONU.

8. O direito comparado faz ver que a tese clássica da imunidade de jurisdição absoluta encontra-se superada nos âmbitos doutrinário, jurisprudencial e legislativo.

9. No Brasil, constata-se a adoção quase pacífica da tese moderna da imunidade jurisdicional restrita ou relativa, na doutrina e na jurisprudência dos Tribunais Superiores, ao menos quanto aos estados estrangeiros.

10. Convivem, atualmente, três correntes doutrinárias quanto à imunidade de jurisdição estatal: a) dupla imunidade absoluta, que propugna a inexistência de restrições à imunidade de jurisdição quer no processo de conhecimento quer no processo de execução; b) dupla imunidade parcialmente relativa, a qual confere caráter absoluto à imunidade de jurisdição no processo de execução e relativo à imunidade jurisdicional no processo de execução; e c) dupla imunidade relativa, segundo a qual são limitadas as imunidades de jurisdição tanto no processo de execução quanto no processo de execução.

11. No concernente à imunidade de jurisdição outorgada às organizações internacionais, considerando sua sede normativa, normalmente as convenções internacionais específicas, o entendimento predominante é o de que deva ser respeitada, à luz da posição atual albergada pelo Supremo Tribunal Federal e pelo Tribunal Superior do Trabalho, não obstante haja jurisprudência minoritária em sentido contrário, sobretudo no Tribunal Regional do Trabalho da 10ª Região, que tende a relativizar a imunidade nas questões laborais, o que encontraria fundamento no direito de acesso à justiça inscrito na Constituição Federal.

12. Quanto às representações comerciais de Estado estrangeiro, argumenta-se que se equiparam aos próprios Estados que representam para efeito de imunidade jurisdicional, sob pena, contudo, de ensejar a invocação indiscriminada da prerrogativa por todas as pessoas jurídicas estrangeiras, até mesmo, em tese, por empresas multinacionais.

13. As imunidades pessoais são aquelas endereçadas aos funcionários diplomáticos e agentes consulares, previstas nas Convenções de Viena sobre Relações Diplomáticas (1961) e sobre Relações Consulares (1963), e não se confundem com as concedidas aos entes de Direito Internacional Público, *v. g.* Estados e organizações internacionais.

14. Podem ser diferenciados dois gêneros de imunidades: a que se refere ao processo de conhecimento e a relativa ao processo de execução, cuja designação mais apropriada é "imunidade de jurisdição no processo de execução", que se prefere à "imunidade de execução", tendo em vista a natureza jurisdicional da execução.

15. A existência de jurisdição amolda-se à condição de pressuposto de existência do processo, a ser aferida pelo juiz antes da questão de fundo do processo (*meritum causae*) ou mesmo das condições; daí porque deva a imunidade jurisdicional ser agitada como preliminar, em contestação.

16. A via diplomática, mediante a intermediação do Chefe do Departamento Consular e Jurídico do Ministério das Relações Exteriores, apresenta-se como a mais apropriada para proceder à citação, descartando--se viabilidade de citação via postal, por carta rogatória, ou por oficial de justiça.

17. Embora a representação dos Estados estrangeiros possa se fazer pela sua Missão Diplomática ou funcionário consular, quem tem legitimidade passiva para figurar em relação processual é o ente estatal.

18. A execução de ente de DIP, além do emprego dos canais diplomáticos, pode se valer da constrição a bens não afetados à representação diplomática ou consular, e/ou que não obstaculizem o desempenho das atividades das organizações internacionais.

19. Insustentável a postura utilitarista e consequencialista que contrapõe "bem comum internacional" e "bem particular do empregado", para legitimar a imunidade absoluta, uma vez que parte de premissa da inexistência de valor intrínseco nos valores que informam seja os direitos trabalhistas, seja o próprio direito de acesso à jurisdição.

20. À luz das referências conceituais e metodológicas de uma perspectiva tópico-retórica, o conteúdo axiológico que permeia as relações de trabalho impõe, na oposição que, em última análise, se verifica entre os direitos do trabalhador e as prerrogativas imunitárias concedidas aos entes de DIP, a prevalência dos primeiros.

21. Desde a perspectiva do jusnaturalismo tomista, é possível assentar, de um lado, que a jurisdição nacional não pode ser afastada, em matéria

laboral, sob pena de haver malferimento dos direitos fundamentais do trabalhador que decorrem da lei natural; e, de outro lado, pode-se sustentar que o direito de ação antecede logicamente o Estado, consistindo direito humano que também encontra suporte na lei natural e a que corresponde poder-dever do Estado de oferecer prestação jurisdicional a seus cidadãos.

Tais são, essencialmente, as considerações que o presente estudo pretende deixar como contribuição para a discussão do intrigante tema da imunidade de jurisdição dos entes de Direito Internacional Público em matéria trabalhista.

REFERÊNCIAS BIBLIOGRÁFICAS

AMORIM, Lúcio Pires de. Imunidade de execução: a questão da exequibilidade de decisões judiciais contra Estados estrangeiros. In: Imunidade soberana: o Estado estrangeiro diante do juiz nacional. Conselho da Justiça Federal. *Série Cadernos do CEJ*, v. 19, Brasília: CJF Centro de Estudos Judiciários, 2001.

AQUINO, Santo Tomás de. *Summa theologiae*. MicroBook Studio 2.06, 2002.

ARAÚJO, Luis Ivani de Amorim. A imunidade de jurisdição trabalhista e o art. 114 da Constituição. In: *Revista Forense,* Rio de Janeiro, v. 322.

_____ . Tratados, convenções, atos internacionais, extradição e imunidade de jurisdição trabalhista na nova Constituição. In: *Revista Forense*, Rio de Janeiro, v. 304, abr./jun. 1993.

ARAÚJO, Nadia de. *Direitos fundamentais e imunidade de jurisdição:* comentários tópicos ao RE n. 222.368, do STF. Disponível em: <http://www.cedi.org.br/Eventos/imunida de/palestraspdf/nadia.pdf> Acesso em: 2.8.2003.

ARISTÓTELES. *A política*. Tradução de Roberto Leal Ferreira. São Paulo: Martins Fontes, 1991.

_____ . *Ética a Nicômaco*. Tradução publicada sob licença da Edunb — Universidade de Brasília. São Paulo: Nova Cultural, 1996.

AZEVEDO, Débora Bithiah; PAIXÃO JÚNIOR, Nilton Rodrigues da. *Imunidade de jurisdição e imunidade de execução de entes de direito público externo.* Disponível em: <http://www.camara.gov.br/Internet/Diretoria/Conleg/Notas/012462. pdf> Acesso em: 8.9.2003.

BOBBIO, Norberto; MATTEUCCI, Nicola. PASQUINO, Gianfranco. *Dicionário de política*. Tradução de Carmen C. Varriale *et al.* Brasília: Universidade de Brasília, 1993.

BODIN, Jean. *Les six libres de la republique*. Paris, 1576. Disponível em: <http://www.langlab.wayne.edu/Romance/Romfaculty/ADuggan/ Bodin.html> Acesso em: 2.8.2003.

BOSON, Gerson de Britto Mello. Imunidade jurisdicional dos estados. In: *Revista de Direito Público*, n. 22, Doutrina, out./dez. 1972.

CABANILLAS, Renato Rabbi-Baldi. *Las inmunidades de jurisdicción y de ejecución en la actual jurisprudencia de la corte suprema de justicia de la Argentina*. Disponível em: <http://www.cedi.org.br/Eventos/imunidade/palestraspdf/renato.pdf> Acesso em: 25.8.2003.

CAHALI, Yussef Said (coord.). *Responsabilidade civil* — doutrina e jurisprudência. 2. ed. São Paulo: Saraiva, 1988.

CALSING, Maria de Assis. *Distinção entre a imunidade de jurisdição de estado estrangeiro e das organizações internacionais em matéria trabalhista*. Disponível em: <http://www.cedi.org.br> Acesso em: 21.8.2003.

_____ . *Imunidade de jurisdição de estado estrangeiro em matéria trabalhista*. Disponível em: <http://www.amatra10.com.br/trabalhos/rogatori.html> Acesso em: 4.9.2003.

_____ . Imunidade de jurisdição de estado estrangeiro em matéria trabalhista. In: *Revista Síntese Trabalhista*, n. 137, nov. 2000.

CARNELUTTI, Francesco. *Principi del processo penale*. Napoli: Morano, 1960.

CARVALHO, Júlio Marino de. A renúncia de imunidades no direito internacional. In: *Revista dos Tribunais*, n. 674, dez. 1991.

CARVALHO, Olavo de. Golpe de Estado no mundo. In: *O Globo*, 24 de maio de 2003. Disponível em: <www.olavodecarvalho.org/semana/030712globo.htm> Acesso em: 10 set. 2003

CHIOVENDA, Giuseppe. *Principi di diritto processuale civile*. Nápole: Jovene, 1965.

COSTA, Coqueijo. Jurisdição e competência. In: *Jurisprudência Brasileira Trabalhista — JBT*, 20, 1986.

COSTA, Marcelo Freire Sampaio. Competência internacional da justiça do trabalho — algumas considerações. In: *Revista Síntese Trabalhista*, n. 135, set. 2000.

CRETELLA JÚNIOR, José. *Curso de direito administrativo*. Rio de Janeiro: Forense, 1975.

DALAZEN, João Oreste. A justiça do trabalho no Brasil e a soberania do Estado estrangeiro. In: *Revista Jurídica Consulex*, ano VI, n. 126, 15 de abril de 2002.

_____ . *Competência material trabalhista*. São Paulo: LTr, 1994.

DÉPARTEMENT FÉDÉRAL DES AFFAIRES ÉTRANGÈRES — DFAE. *Immunité de juridiction d'un état ètranger*. Disponível em: <http://www.eda.admin.ch/geneva_miss/f/home/guide/immu/etat.html> Acesso em: 2.8.2003

_____ . *Immunite des états, des chefs d'etats et de leurs biens*. Disponível em: <http://www.onu.admin.ch/sub_dipl/f/home/thema/intlaw/immu.html> Acesso em: 15.8.2003.

DI PIETRO, Maria Sylvia Zanella. *Direito administrativo*. 8. ed. São Paulo: Atlas, 1997.

DOLINGER, Jacob. A imunidade jurisdicional dos Estados. In: *Revista Informação Legislativa*, Brasília, ano 19, n. 76, out./dez. 1982.

DUGUIT, Léon. *Traité de droit constitutionnel*. 3. ed. Paris: E. de Boccard, 1927. t. premier.

DWORKIN, Ronald. *A matter of principle*. Oxford: Harvard University, 1985.

ENGISH, Karl. *Introdução ao pensamento jurídico*. Lisboa: Calouste Gulbenkian, 1988.

ESTEVES, Júlio. *Críticas ao utilitarismo por rawls*. Disponível em: <htttp://www.cfh.ufsc.br/ethic@/ETHIC1~6.PRN.pdf> Acesso em: 12.8.2003.

FARO, Moema. A imunidade de jurisdição do estado estrangeiro no direito do trabalho. In: *Revista de Direito do Trabalho*, v. 4, n. 20/21, jul./out. 1979.

FENWICK, Charles G. *International law*. 4. ed. New York: Appleton-Century-Crofts, 1952.

FONSECA, Vicente Malheiros da. Competência da justiça do trabalho. In: *Revista LTr*, v. 46, n. 1, jan. 1982.

FONTOURA, Jorge. Imunidade de execução: a questão da exequibilidade de decisões judiciais contra Estados estrangeiros. In: *Série Cadernos do CEJ*, v. 19. Imunidade soberana: o Estado estrangeiro diante do juiz nacional. Conselho da Justiça Federal, Centro de Estudos Judiciários. Brasília: CJF, 2001.

_____ . *Imunidade de jurisdição e de execução dos estados estrangeiros e de seus agentes — uma leitura ortodoxa*. Disponível em: <http://www.cedi.org.br/Eventos/imunidade/palestraspdf/jorge.pdf> Acesso em: 2.9.2003.

FRANCH, Valentín Bou. Las *inmunidades internacionales y el art. 36 de la Ley n. 1, de 7.1.2000, de enjuiciamiento civil*. Disponível em: <http://www.uv.es/~dret/nuevo/revistafac/pdf/vbou.PDF> Acesso em: 28.8.2003.

FRANCO FILHO, Georgenor de Sousa. *Competência internacional da justiça do trabalho*. São Paulo: LTr, 1998.

_____ . Da competência internacional da justiça do trabalho. In: *Revista LTr*, v. 53, n. 12, São Paulo: LTr, dez. 1989.

_____ . Da imunidade de jurisdição trabalhista e o art. 114 da Constituição de 1988. In: *Revista TRT da 8ª Reg.*, Belém, 24 (46): 75-84, jan./jun. 1991.

_____ . Imunidade das organizações internacionais. Um aspecto da competência internacional da justiça do trabalho. In: *Revista TRT da 8ª Reg.*, Belém, 25 (49): 79-90, jul./dez. 1992.

_____ . *Imunidade de jurisdição trabalhista dos entes de direito internacional público*. São Paulo: LTr, 1986.

_____. Jurisdição e competência internacional da justiça do trabalho do Brasil. A abrangência do art. 114 da Constituição de 1988. In: *Revista TRT da 8ª Reg.*, Belém, 23 (44): 51-65, jul./dez. 1990.

_____. Representações comerciais de estado estrangeiro e a justiça do trabalho do Brasil. In: *Revista TRT da 8ª Reg.*, Belém, 23 (44): 55-63, ja./jun. 1990.

FRIEDMANN, Wolfgang. *Legal theory*. 5. ed. New York: Columbia University, 1967.

GARCIA, Márcio Pereira Pinto. Imunidade de jurisdição: evolução e tendências. In: *Série Cadernos do CEJ*, v. 19, Imunidade soberana: o Estado estrangeiro diante do juiz nacional. Conselho da Justiça Federal, Centro de Estudos Judiciários. Brasília: CJF, 2001.

GIGLIO, Wagner D. A imunidade de jurisdição. In: *Curso de direito constitucional do trabalho*. São Paulo: LTr, 1991.

GRÓCIO, Hugo. *De jure belli ac pacis*, livro II, cap. XVIII. Disponível em: <http://www.constitution.org/gro/djbp.htm> Acesso em: 29.8.2003.

HABIB, Sérgio. Aspectos das imunidades diplomáticas e consulares e a jurisdição criminal. In: *Revista Jurídica Consulex*, ano VI, n. 126, 15 de abril de 2002.

KELSEN, Hans. *Princípios de DIP*. Tradução de H. Caminos e E. Hermida. Buenos Aires: El Ateneo, 1965.

KNOEPFLER, François. *Immunité d'execution*. Disponível em: <www.unine.ch/droit/support%20PDF/ Immunit%E9_d'ex%E9cution.ppt> Acesso em: 21.8.2003.

LEVENHAGEN, Antônio José de Barros. Imunidade jurisdicional relativa. In: *Revista Jurídica Consulex*, ano VI, n. 126, 15 de abril de 2002.

MACIEL, José Alberto Couto. A imunidade de jurisdição frente aos direitos constitucionais trabalhistas. In: *Tendência do direito do trabalho contemporâneo*. São Paulo: LTr, 1980.

MADRUGA FILHO, Antenor P. Imunidade de execução: a questão da exequibilidade de decisões judiciais contra Estados estrangeiros. In: *Série Cadernos do CEJ*, v. 19, Imunidade soberana: o Estado estrangeiro diante do juiz nacional. Conselho da Justiça Federal, Centro de Estudos Judiciários. Brasília: CJF, 2001.

MAGANO, Octavio Bueno. Imunidade de jurisdição. In: *Revista Trabalho & Doutrina*, São Paulo: Saraiva, mar. 1996.

MARQUES, José Frederico. *Instituições de direito processual civil*. Campinas: Millennium, 1999.

MARTINS FILHO, Ives Gandra da Silva. *A legitimidade do direito positivo*. Rio de Janeiro: Forense Universitária, 1992.

_____. Salário social e salário justo. In: *Revista LTr*, p. 1.069/1.073, set. 1990.

MEIRELLES, Hely Lopes. *Direito administrativo brasileiro*. 16. ed. São Paulo: RT, 1991.

MELLO, Celso de Albuquerque. *Direito constitucional internacional*. Rio de Janeiro: Renovar, 1994.

MENDES, Gilmar Ferreira. Imunidade de jurisdição: evolução e tendências. In: *Série Cadernos do CEJ*, v. 19, Imunidade soberana: o Estado estrangeiro diante do juiz nacional. Conselho da Justiça Federal. Centro de Estudos Judiciários. Brasília: CJF, 2001.

MESQUITA, José Ignacio Botelho de. *Questões procedimentais das ações contra estados e organizações internacionais*. Disponível em: <http://www.cedi.org.br/Eventos/imunidade/palestraspdf/botelho.pdf> Acesso em: 18.8.2003.

MILL, Stuart. *Utilitarianism*. Disponível em: <http://etext.library.adelaide.edu.au/m/m645u/> Acesso em: 5.9.2003.

MINISTÉRIO DA PREVIDÊNCIA E ASSISTÊNCIA SOCIAL — MPAS. *O INSS e a missão diplomática*. Brasília: MPAS, INSS, 1997.

MINISTÉRIO DO TRABALHO DO BRASIL, SEFIT. *Manual do empregador urbano para embaixadas e organismos internacionais*. Brasília: MTb, SEFIT, 1998.

MIRANDA, Francisco Cavalcanti Pontes de. *Comentários ao código de processo civil*. Rio de Janeiro: Forense, 1974. t. II.

MONTESQUIEU, Charles de Secondat. *De l'esprit des lois* (1758). Disponível em: <http://www.uqac.uquebec.ca/zone30/Classiques_des_sciences_sociales/livres/montesquieu/montesquieu.html> Acesso em: 14.8.2003.

PACHECO, Iara Alves Cordeiro. A justiça do trabalho e os entes de direito internacional público. In: *Revista LTr*, 64-09/1152, v. 64, n. 9, set. 2000.

PARANHOS, C. A. Teixeira. A imunidade de jurisdição dos organismos internacionais na visão do Supremo Tribunal Federal. In: *Revista LTr*, v. 47, n. 9, set. 1983.

PAULUS PP. II, Ioannes. *Encíclica laborem exercens*, IV, 16. Disponível em: <http://www.vatican.va/edocs/POR0068/_INDEX.HTM> Acesso em: 14.8.2003.

PELO, H. *State trading in international commerce*. Disponível em: <http://www.drpelo.com/pdf/internatlaw/StateTrading2003Edition.pdf> Acesso em: 7.9.2003.

PEREIRA, João Batista Brito. Estados estrangeiros e organismos internacionais. In: *Revista Jurídica Consulex*, ano VI, n. 126, 15 de abril de 2002.

PERELMAN, Chaïm. *Lógica jurídica*. Tradução de Vergínia K. Pupi. São Paulo: Martins Fontes, 2000.

PODETTI, J. Ramiro. *Teoría y tecnica del proceso civil*. Buenos Aires, 1963.

PONTES, Kassius Diniz da Silva; CÔRTES, Osmar Mendes Paixão; KAUFMANN, Rodrigo de Oliveira. *O raciocínio jurídico na filosofia contemporânea*: tópica e retórica no pensamento de Theodor Viehweg e Chaïm Perelman. São Paulo: Carthago, 2002.

RAWLS, John. *A theory of justice*. Cambridge: Harvard University, 1971.

REIS, Novély Vilanova da Silva. *O Estado estrangeiro e a jurisdição brasileira*. Disponível em: <http://www.georgemlima.hpg.ig.com.br/dicas/nov3.txt> Acesso em: 19.8.2003.

REZEK, Francisco. *Imunidade das organizações internacionais no século XXI*. Disponível em: <http://www.cedi.org.br/Eventos/imunidade/palestraspdf/profrezek.pdf> Acesso em: 27.8.2003.

_____ . Imunidade de jurisdição: evolução e tendências. In: *Série Cadernos do CEJ*, v. 19, Imunidade soberana: o Estado estrangeiro diante do juiz nacional. Conselho da Justiça Federal. Centro de Estudos Judiciários. Brasília: CJF, 2001.

_____ . *Origens e justificativas da imunidade de jurisdição*. Disponível em: <http://www.cedi.org.br/Eventos/imunidade/palestrashtm/guido.htm> Acesso em: 30.8.2003.

_____ . *Direito internacional público*. São Paulo: Saraiva, 1996.

RICHES, Luis Récasens. *Nueva filosofía de la interpretación del derecho*. 2. ed. México: Porrúa, 1973.

RODRIGUEZ, Américo Plá. *Princípios de direito do trabalho*. São Paulo: LTr, 1978.

ROMANO, Santi. *Principi di diritto costituzionale generale*. 2. ed. Milano: Giuffrè, 1947.

ROMITA, Arion Sayão. Entes de direito público externo. Aspectos da competência. In: *Revista Trabalho & Doutrina*, v. 8, mar. 1996.

SILVA, Luiz de Pinho Pedreira. A concepção relativista das imunidades de jurisdição e execução do Estado estrangeiro. In: *Revista de Informação Legislativa*, Brasília, ano 35, n. 140, out./dez. 1998.

_____ . O caráter restritivo da imunidade de execução do estado estrangeiro. In: *Revista Trabalho & Doutrina*, Saraiva: São Paulo, mar. 1996.

SILVA NETO, Manoel Jorge. Imunidade de jurisdição e imunidade de execução. In: *Revista Jurídica Consulex*, ano VI, n. 126, 15 de abril de 2002.

SOARES, Evanna. A imunidade de jurisdição nos dissídios trabalhistas envolvendo entes de direito público externo. In: *Revista LTr*, v. 55, n. 12, dez. 1991.

SOARES, Guido E. Silva; MENDES, Gilmar Ferreira; GARCIA, Márcio Pereira Pinto. *Imunidade de jurisdição*: evolução e tendências. Brasília: Centro de Estudos Judiciários, 2001.

SOARES, Guido Fernando Silva. *Das imunidades de jurisdição e de execução*. Rio de Janeiro: Forense, 1984.

SOARES, João Clemente Baena. Imunidades de jurisdição e foro por prerrogativa de função. In: *Revista CEJ*, Brasília, n. 11, maio/ago. 2000.

SOBRINHO, Genésio Vivanco Solano. Dos empregados em consulados e a competência para dirimir os dissídios da relação de trabalho. In: *Revista TRT da 9ª Reg.*, v. II, n. 1/77.

SOBRINHO, Zéu Palmeira. A aplicação das normas trabalhistas no espaço. In: *Revista LTr*, 64-06/731, jun. 2000.

SÜSSEKIND, Arnaldo. *Conflito de leis do trabalho*. Rio de Janeiro: Freitas Bastos, 1979.

TESSITORE, Michael A. *Immunity and the foreign sovereign*. Disponível em: <http://library.lp.findlaw.com/internationallaw_1_242_1.html> Acesso em: 29.8.2003.

THEODORO JÚNIOR, Humberto. *Processo de execução*. 8. ed. São Paulo: EUD, 1983.

TORRES, Eneas. *Recepção de normas internacionais e o caso da imunidade de jurisdição*. Disponível em: <http://sphere.rdc.puc-rio.br/sobrepuc/depto/direito/revista/online/rev14_eneas.html> Acesso em: 30.8.2003.

TRUJILLO, Elcio. *Responsabilidade do Estado por ato lícito*. São Paulo: LED, 1995.

VECCHIO, Giorgio del. *Lições de filosofia do direito*. Coimbra: Armênio Amado, 1972.

VEDEL, Georges. *Manuel élémentaire de droit constitutionnel*. Paris: Sirey, 1949.

VIEHWEG, Theodor. *Tópica e jurisprudência*. Tradução de Tércio Sampaio Ferraz Júnior. Brasília: Departamento de Imprensa Nacional. 1979.

WAMBIER, Teresa Arruda Alvim. *Nulidades do processo e da sentença*. São Paulo: RT, 1997.

ANEXOS

ARGENTINA
Ley n. 24.488, de 28 de junho de 1995.
Disponível em: <http://www.geocities.com/enrique aramburu/ETE/ley.html>
Acesso em: 29.7.2003.

AUSTRÁLIA
Foreign Sovereign Immunities Act, de 1º de abril de 1986.
Disponível em: <http://www.law.berkeley.edu/faculty/ddcaron/ Documents/RPID%20Docu ments/rp04037.html>
Acesso em: 18.8.2003.

BASLE
European Convention on State Immunity, de 16 de maio de 1972.
Disponível em: <http://conventions.coe.int /treaty/en/Treaties/Word/074.doc>
Acesso em: 29.7.2003.

CANADÁ
State Immunity Act, de 1980.
Disponível em: <http://www.canlii.org/ca/sta/s-18/whole.html>
Acesso em: 29.7.2003.

Foreign Missions and International Organizations Act, de 5 de dezembro de 1991.
Disponível em: <http://laws.justice.gc.ca/en/f-29.4/59968.html>
Acesso em: 23.8.2003.

(*) Os textos na íntegra estão disponíveis nos sites e também: <www.ltrdigital.com.br>.

ESTADOS UNIDOS
Foreign Sovereign Immunities Act, de 1997.
Disponível em: <http://www.law.nyu.edu/kingsburyb/fall01/
intl_law/basicdocs/foreign%20>
Acesso em: 29.7.2003.

United States International Organizations Immunities Act, de 29 de
dezembro de 1945.
Disponível em: <http://www.un.int/usa/host_io.htm>
Acesso em: 23.8.2003.

ORGANIZAÇÃO DAS NAÇÕES UNIDAS
*United Nations Convention on Jurisdictional Immunities of States and
Their Property*, de 2 de dezembro de 2004.
Disponível em: <http://untreaty.un.org/ilc/texts/instruments/.../
conventions/4_1_2004.pdf>
Acesso em: 4.6.2011.

REINO UNIDO
State Immunity Act, de 1978.
Disponível em: <http://www.law. berkeley.edu/faculty/ddcaron/
Documents/RPID%20Documents/rp04038.html>
Acesso em: 29.7.2003.

VIENA
Convenção de Viena sobre Relações Diplomáticas, de 18 de abril 1961.
Disponível em: <http://www2.mre.gov.br/dai/multdiplo.htm>
Acesso em: 19.6.2003.

Convenção de Viena sobre Relações Consulares, de 24 de abril de 1961.
Disponível em: <http://www2.mre.gov.br/dai/multdiplo.htm>
Acesso em: 19.6.2003.